高等职业教育新商科系列教材·财会金融技能系列

主　编◎富金涛
副主编◎刘　卓

ERP 企业经营沙盘

北京师范大学出版集团
BEIJING NORMAL UNIVERSITY PUBLISHING GROUP
北京师范大学出版社

图书在版编目（CIP）数据

ERP 企业经营沙盘 / 富金涛主编 .—北京：北京师范大学出版社，2021.4

（高等职业教育新商科系列教材 • 财会金融技能系列）

ISBN 978-7-303-26425-4

Ⅰ. ①E… Ⅱ. ①富… Ⅲ. ①企业管理 – 计算机管理系统 – 高等职业教育 – 教材 Ⅳ. ① F272.7

中国版本图书馆 CIP 数据核字 (2020) 第 203375 号

营销中心电话　010–58802181　58805532
北师大出版社科技与经管分社　www.jswsbook.com
电子信箱　jswsbook@163.com

出版发行：北京师范大学出版社 www.bnupg.com
北京市西城区新街口外大街 12–3 号
邮政编码：100088
印　　刷：北京虎彩文化传播有限公司
经　　销：全国新华书店
开　　本：787mm × 1092mm　1/16
印　　张：9.75
字　　数：225 千字
版　　次：2021 年 4 月第 1 版
印　　次：2021 年 4 月第 1 次印刷
定　　价：45.00 元

策划编辑：包　彤　　责任编辑：包　彤
美术编辑：刘　超　　装帧设计：刘　超
责任校对：黄　华　赵非非　　责任印制：赵非非

前言

从2015年首次接触ERP沙盘教学开始，我就被这种体验式教学方式深深吸引。不同于传统的传授式教学方式，ERP沙盘课程通过模拟企业经营管理的全过程，融通理论与实践，将角色扮演与岗位体验汇集于一体，使学生通过将理论知识运用于实践，升华为自己的经营管理之道。本课程的内容能够使学生提升战略管理、营销管理、生产管理、财务管理、人力资源管理等方面的专业能力。通过参与沙盘教学活动，培养学生的团队合作能力，使学生形成大局观念、树立共赢理念，进而深入思考专业与职业的选择，深刻感悟人生的真谛。

目前，ERP沙盘课程在全国财经类学校已广泛开设，全国范围的本科、高职、中职等不同层次的ERP沙盘技能大赛开展得如火如荼。在和新道公司沙盘高级讲师刘卓先生的工作交往中，我和他不约而同地迸发出要编写一本适用于不同学习层次的，集教学指导和技能大赛经验于一体的ERP沙盘教材。

本教材分为沙盘认知篇、沙盘教学基础篇、沙盘教学提高篇、沙盘竞赛篇和附录几部分，分别介绍了沙盘的起源、手工及电子沙盘课程内容、课程设计及对沙盘课程的深入思考等内容。在本教材的最后部分，和读者分享了编者多年参与沙盘比赛的经验成果，希望能给读者以帮助。

本教材基于新道公司的新商战沙盘产品进行编写。在编写过程中，融合了编者多年的教学、比赛经验，经过北京师范大学出版社包彤女士的认真工作，终于付梓。书中内容如有纰漏，敬请各界读者指正，以作及时更正。

北京电子科技职业学院　富金涛

2020年10月

目 录

第1章　沙盘认知篇

1.1　ERP 沙盘的起源

ERP 沙盘经营模拟培训源自军事上的战争沙盘模拟推演。军事上使用的战争沙盘是根据地形图或实地地形，按照一定的比例，用泥沙、石土等材料堆制而成的一种模型，供指挥者研究地形、敌情、作战方案、组织和实施训练时使用。用沙盘研究作战情况在我国有着悠久的历史。《史记·秦始皇本纪》中记载："以水银为百川江河大海，相机灌输，上具天文，下具地理。"

据说，秦国在部署灭六国时，秦始皇亲自堆制沙盘，用以研究各国的地理形势，在李斯的辅佐下，派大将王翦领兵。后来，秦始皇在修建陵墓时，堆塑了一个地形模型。模型中不仅砌有高山、丘陵、城池等，而且还用水银模拟江河、大海，用机械装置使水银流动循环。可以说，这是最早的沙盘雏形，至今已有 2200 多年的历史。《后汉书·马援列传》中记载，汉建武八年（32 年），光武帝在征伐天水、武都一带地方的豪强时，大将马援"聚米为山谷，指画形势"，使光武帝有"虏在吾目中矣"的感觉。

这些是我国战争史上运用沙盘研究战术的先例。战争沙盘推演的方式跨越了通过实战检验与培养高级将领的成本障碍和时空限制，在世界各国得到广泛的运用。在现代，企业在培养优秀管理人才时，面临着培训成本高昂的困扰。因此，英国和美国的知名商学院与管理咨询机构研发出了 ERP 沙盘经营模拟培训这一新型的现代培训模式。

2000 年前后，我国国内诸多院校也相继引进了 ERP 沙盘，对工商管理硕士、经济管理专业的学生进行培训，以提高他们在实际经营环境中的运营能力和决策能力，同时弥补了国内高校在商科实践教学领域的空白。

1.2　ERP 沙盘的课程形态

ERP 沙盘经营模拟培训不同于传统的课堂灌输式的授课方式，其通过运用独特、直观的教具，模拟企业真实的内部经营环境与外部竞争环境，结合角色扮演、情景模拟、教师点评，让学生体验企业的管理流程，体验企业在竞争的环境下生存、发展的过程，以及为此而必须作出的关键决策。

ERP 沙盘经营模拟培训将企业的主要流程微缩在整个沙盘上，使用者可以直观地观察企业的物流、资金流、信息流的变化及其影响。企业的物流包括下原料订单、原料入库、组织生产、接订单销售、销售发货等；企业的资金流包括现金、贷款、应收账款、人工成本、设备维修、固定资产折旧等制造费用支出，人员工资福利、广告投入、市场开拓、产品研发、

ISO 资格认证等管理费用支出等；企业的信息流包括市场预测分析、竞争环境和竞争对手经营情况分析、企业财报分析等。ERP 沙盘的整体布局，如图 1-1 所示。

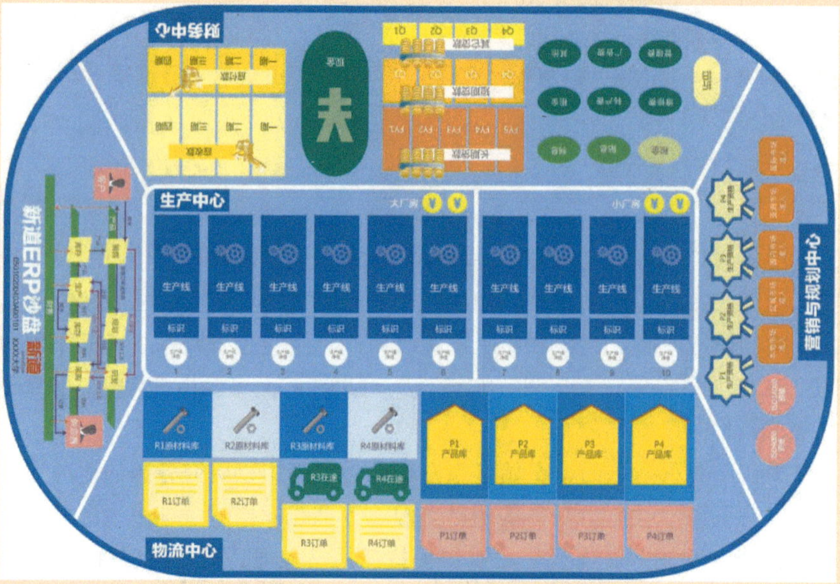

图 1-1　ERP 沙盘的整体布局

在 ERP 沙盘经营模拟培训中，学生们被分为若干小组（如小班授课，6 组最佳，每组 5 人），每个小组代表一家企业。每家企业的主要职能定位：公司总裁（CEO），负责制定企业长期的经营战略决策、制定每年的经营规划、分配成员角色、协调团队合作等；财务总监（CFO），负责企业的资金筹措、资金运用、费用成本控制、现金流管理、财务核算等；生产总监（PM），负责企业的生产战略制定，以及编制和执行生产计划、设备更新计划等；采购总监（CPO），负责采购计划的制订和执行、企业内部物流控制等；营销总监（CMO），负责企业营销战略、新市场开拓规划、新产品研发计划、广告投放策略的制定和执行等。

每个小组起始状态相同，都拥有相同的资金、设备和固定资产。企业的经营过程：用现金为企业做广告→在市场上获得订单→用现金购买原材料→原材料入库→建立新生产线→投入生产→完工交货→获得收益→用现金开发新的产品和新的市场，支付员工工资、税金等。当资金短缺时，企业可以向银行申请贷款或变卖固定资产。经过 6 年的经营，最终根据每家企业的所有者权益评出优胜企业。

ERP 沙盘经营模拟培训，突破了传统的管理实训课程的局限性，让学生通过模拟企业运作状况，在制定战略、分析市场、组织生产、整体营销和财务结算等一系列活动中体会企业经营运作的全过程，认识企业资源的有限性，在各种决策的成功和失败的体验中，学习、巩固和融会贯通各种管理知识，掌握管理技巧，从而深刻地理解 ERP 的管理思想，领悟科学的管理规律，提升管理能力。

1.3　ERP 沙盘模拟的意义及价值

ERP 沙盘模拟是一种体验式教学，目的是让学生以一家企业高级管理人员（CEO、CFO、CPO、CMO 等）的视角，体验企业的管理流程，体验企业在竞争的环境下生存、发展和在这个过程中遇到的一系列的问题，以及为此而必须作出的关键决策。在亲身体验的过程中，达到有效学习的目的。美国缅因州国家训练室提出的“学习金字塔”理论模型，如图 1-2 所示。让同学们“做中学”是一种非常有效的学习方式，可以提高学习效率。

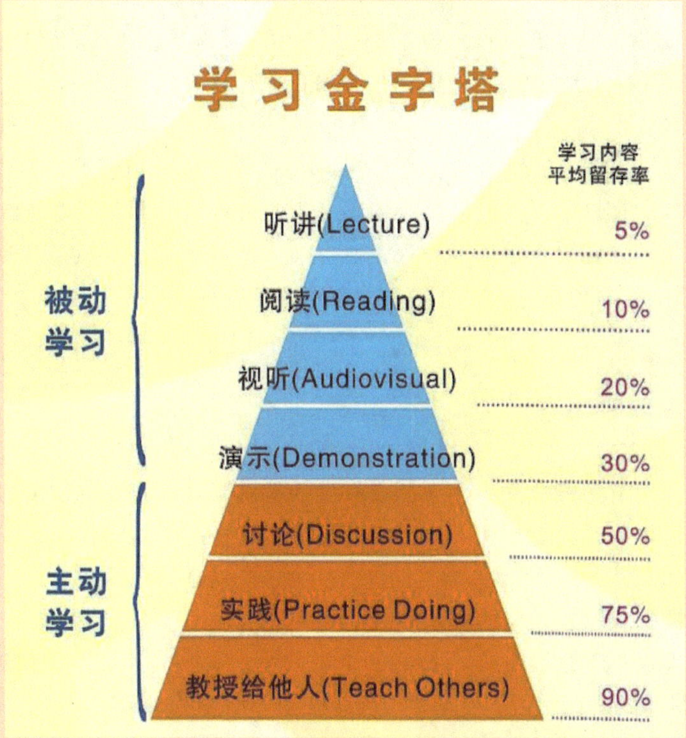

图 1-2　“学习金字塔”理论模型

第 2 章　沙盘教学基础篇

2.1　ERP 企业经营管理沙盘的课程体系及内容

“虽有嘉肴，弗食，不知其旨也；虽有至道，弗学，不知其善也。是故学然后知不足，教然后知困。知不足，然后能自反也；知困，然后能自强也。故曰：教学相长也。”

——《礼记·学记》

这是一个充满了激情与挑战的“沙场”，在沙盘的世界你可以有不同的选择，用不同的方法应对不同的市场。在这里，你可以直观地感受企业管理者所面对的种种状况，学习他们如何巧妙地应对市场的变化，真正体会一家企业直面的市场竞争，承担经营的风险与责任，在此过程中领悟企业经营管理的关键，了解信息化对企业管理的作用。

2.1.1　ERP 沙盘的课程体系

1.ERP 沙盘在商科实践教学中的体系

ERP 沙盘作为商科实践教学与创新创业教学的基础，其内容涵盖院校的前置课程，涉及会计基础、财务管理、营销管理、人力资源管理、物流管理等多门学科知识，使学生在“学中做、做中练、练中赛”，全面提高学生的综合能力，把所学知识串联起来。

ERP 沙盘在商科实践教学中的体系表现：从认知职业、了解自我的初级阶段，过渡到认知经营、了解企业、提升信息化专业技能的中级阶段，再到实现财务岗位综合能力的提升、创业素质的培养训练的高级阶段，使学生成为现代企业需要的专业型学科人才。

ERP 沙盘在商科实践教学中的体系，如图 2-1 所示。

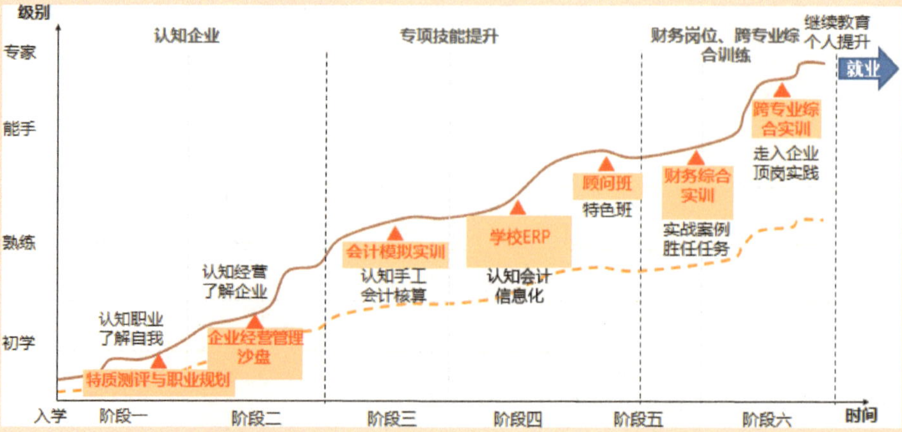

图 2-1　ERP 沙盘在商科实践教学中的体系

2.ERP 沙盘在创新创业教学中的体系

创新创业教育可以分为四个部分：第一部分是营造文化氛围；第二部分是制订人才培养方案，以必修课或选修课的方式进入正式学习（课堂教学）；第三部分是创新创业模拟与实践，以创新创业项目训练营、第二课堂和创新大赛等形式开展；第四部分是通过融资路演，实现企业化运营。

ERP 沙盘在创新创业教学中的体系，如图 2-2 所示。

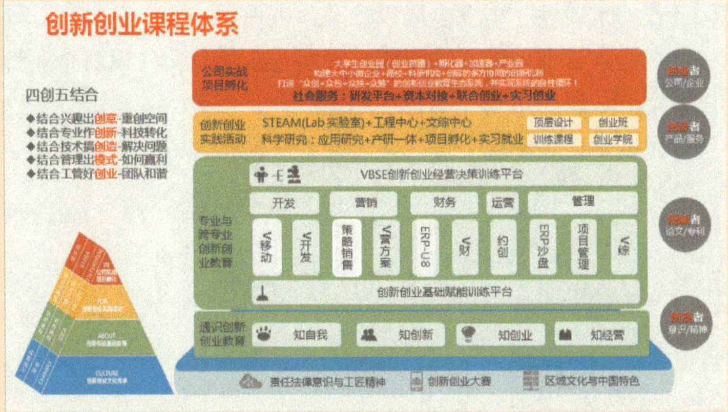

图 2-2　ERP 沙盘在创新创业教学中的体系

通识类课程的创新创业教育以“四知”为支撑。“四知”是指在“双创”课程体系中，无论是必修课，还是选修课、第二课堂实践，各门课程串起来能实现“知自我”“知创新”“知创业”和“知经营”。

知自我：让学员了解自我，认知他人，具备良好的沟通能力。

知创新：能激发学生的创新意识，了解创新实践过程，掌握创新思维方法，提升创新素养。

知创业：使学生了解创业流程、思维、工具和方法，完成“商机识别→创意→项目→最小可行性产品”的过程，通过模拟商业路演，检验项目。

知经营：让学生了解在企业初创时期，如何在不确定的环境下，作出合理、有效的决策，制订企业的长期规划。

通过开设 ERP 沙盘课程，可以使学生在模拟环境下感知企业，获得各类能力的训练，通过对企业的规划、实施、组织、管理等，提升学生的综合能力，同时可以帮助院校培养创新创业型人才。

2.1.2　ERP 沙盘课程

1.ERP 沙盘课程简介

通过 ERP 沙盘课程的学习，可以使学生体验企业的管理流程，体验企业在竞争环境下生存、发展的过程，以及在此过程中必须作出的关键性决策。沙盘系统集知识性、趣味性、对抗性于一体，涉及整体战略规划、产品研发、设备投资改造、生产能力规划、物料需求计划、资金需求计划、市场与销售、财务经济指标分析、团队沟通与建设等多方面的内容。

2.ERP 沙盘课程的内容

（1）体验制造业企业的完整运营流程，了解物流、资金流、信息流的协同过程。

（2）深刻理解企业经营战略规划的重要性，学会用战略的眼光看待企业的业务和经营，保证其业务与战略的一致性。

（3）掌握常用的营销方法和营销策略，学会分析市场、制定营销策略。

（4）了解生产运作管理的基本内容，感受生产与销售、采购的密切关系。

（5）理解“现金”对于企业的重要性，学会解读财务报表，能够进行简单的财务分析。

（6）理解团队合作的重要性，树立全局观念及共赢理念。

（7）体会信息化在企业管理中的重要作用，理解企业信息化建设对企业管理的重要性。

（8）掌握“以销定产，以产定销”的管理思想。

（9）充分实现“做中学、学中练、练中赛”的教学模式。

2.2 企业经营管理手工沙盘的组成及课程设计

2.2.1 企业经营管理沙盘的组成

企业经营管理沙盘由教具和沙盘工具组成。企业经营管理手工沙盘教具，如表 2-1 所示。

表 2-1 企业经营管理沙盘教具

名 称	描 述
沙盘盘面	一张盘面代表一家企业。盘面分为营销与规划中心、生产中心、物流中心和财务中心
生产线模板	用于表示生产线——自动线、柔性线、手工线和半自动线
厂房模板	用于表示厂房——大厂房和小厂房
产品标识	用于表示 P1 产品、P2 产品、P3 产品和 P4 产品
订单	在选单过程中获取的订单
代金币	灰币用来表示企业经营过程中用到的钱币
原料币	彩币用来表示 R1 原材料、R2 原材料、R3 原材料和 R4 原材料
空桶	用于装代金币和原料币
桶架	用于整理空桶
产品资格认证	用于表示 P1 产品、P2 产品、P3 产品和 P4 产品的研发资质
ISO 准入证	用于表示选单过程中的 ISO 认证，包括 ISO 9000 和 ISO 14000
市场准入证	用于表示五种市场的准入资格，已获准入的市场可以进行广告投放

2.2.2 ERP 沙盘课程设计

ERP 沙盘课程的阶段划分及各阶段的教学内容，如表 2-2 所示。

表 2-2　ERP 沙盘课程的阶段划分及各阶段的教学内容

课程阶段	课程内容
课程前期准备	4 ～ 6 人一组，明确角色定位，进行角色分工
经营企业概述	了解所经营企业目前的财务状况、市场占有率、已有产品资质、生产线和盈利能力
企业经营规则	了解原材料、产品组成、生产线种类、厂房、融资规则、市场与 ISO 资格准入情况
企业初始状态	接手一家正在经营的企业
企业经营模拟	进行战略规划、财务预算、订单选择、购买原材料、购买厂房及生产线、研发资质开发、市场开拓和结束本年经营等
经营反思	CEO 在每年的经营结束后，都需要对企业的经营结果进行分析，并进行必要的企业战略调整
课后点评	指导教师根据各组的经营情况进行点评，学生总结经营过程中遇到的问题

2.3　接手一家制造业企业

2.3.1　企业背景

在经营之初，各组拥有一笔来自股东的 66 万元人民币（以下用“W”表示“万元人民币”）投资，接手一家正在经营的制造业企业。该企业将经营 4 ～ 6 个经营年度，每个经营年度包含了若干步被分解的决策任务。这些任务涉及信息研究、新产品研发、投资、生产、采购、营销等企业经营的各个环节。每组都需要仔细分析、讨论每步的决策，形成一致的决策意见后开始经营。

2.3.2　企业所处的经营环境

该企业有 5 个市场区域可供选择，分别是本地市场、区域市场、国内市场、亚洲市场和国际市场。各小组的企业具备相同的资源和新产品研发能力。

虽然已经从企业背景描述中获得了企业运营的部分信息，但还需要把这些信息体现在沙盘盘面上。该企业长期以来生产经营 P 系列产品，企业的整体情况如图 2-3 所示。

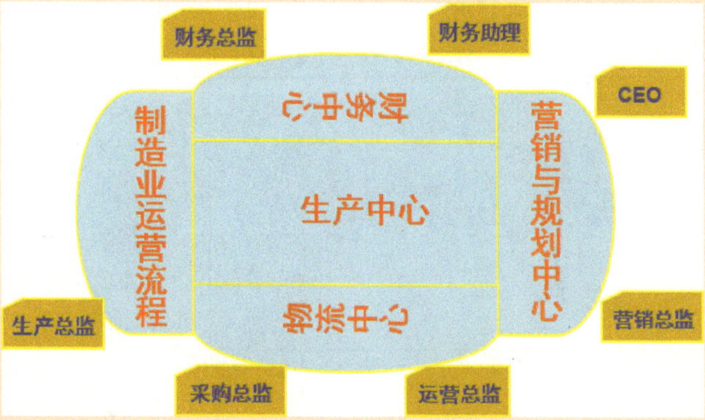

图 2-3　制造业企业的整体情况

该企业由 4 个中心组成：财务中心、生产中心、物流中心、营销与规划中心。目前，企业拥有大厂房，生产设施齐备，运行状态良好。企业已安装 4 条生产线（3 条手工线和 1 条半自动线），均生产 P1 产品。本地市场的开拓已完成，未来几年前景良好，客户较为满意。

P1 产品由于技术水平低，虽然近几年需求较旺，但未来需求将会逐渐下降。P2 产品是 P1 产品的技术改进版，虽然技术优势会带来一定增长，但随着新技术的出现，需求最终也会下降。P3 产品和 P4 产品为全新技术产品，发展潜力很大。

一家权威机构对该企业的发展前景进行了预测，认为 P 系列产品将会从目前的相对低水平发展成为一个高技术产品。为此，公司董事会及全体股东决定将企业交给一批优秀的新任管理者，希望新的管理层能够投资新产品的开发，使公司的市场地位得到进一步的提升；开发本地市场以外的其他新市场，进一步拓展市场领域；扩大生产规模，采用现代化生产手段，以获取更多的利润；实现股东权益最大化。新上任的 CEO 缺乏管理经验，起始年经营暂由原 CEO 带领新上任管理层开展经营活动，为企业未来更好的发展打下良好的基础。

2.3.3 企业的管理层分工

该企业的管理层分工，如表 2-3 所示。

表 2-3 企业的管理层分工

角色	职责	描述
CEO	每年年初辅助营销总监进行市场分析，探查商业情报，分析市场总体需求量和各个企业产能的变化	初始年由原 CEO 带领新 CEO，接手一家制造业企业
生产总监	产品研发处理，ISO 资格认证，产品研发管理，管理体系认证，固定资产投资，编制生产计划，平衡生产能力，生产车间管理，产品质量保证，成品库存管理	知道企业的资金流情况，制订合理的生产计划（什么时候可以扩大生产，如何控制材料订单），以现金流控制为前提，以销定产，提前采购一定数量的材料，给转产方案预留后路，预设双重或多重生产营销计划，实现现金流利用率最大化
财务总监	填制企业日常现金流量表，填制财务报表，计算所得税，税务局报税，日常现金管理，企业融资策略制定，成本费用控制，资金管理与风险管控，保证充足的现金流	了解企业的生产成本，制订新年度的财务计划，填制现金流量表
财务助理	协助主管会计开展工作，做好会计核算和分析工作	核对收支单据，加强原始凭证的审核，编制记账凭证，及时登记各类账簿，办理其他有关的财会事务，做好文书及日常事务工作，及时办理和保管会计凭证、账簿、报表等财务档案资料，办理公司证件年检及有关事项

续表

角　色	职　责	描　述
营销总监	进行市场调查分析，产品周期分析，广告投放策略制定，应收款管理，品种发展策略，广告宣传策略，制订销售计划，通过谈判获取订单，签订合同，应收款管理，销售绩效分析和商业情报的探查，保证每笔订单可以及时交货	进行市场分析与预测，填写订单登记表，填制产品、原材料核算统计表
采购总监	编制当年以及下一年的采购计划，供应商谈判，签订采购合同，监控采购过程，到货验收，仓储管理，支付决策，协调相关部门	年初编制本期生产计划、采购计划、材料的付款计划
运营总监	负责协调各部门工作，建立有效的团队协作机制，维持并开拓各方面的外部关系，管理并激励所属部门的工作绩效	全面负责企业的市场运作和管理，参与整体策划，完善运营管理机制；推广产品，完成整体业务计划；建立企业内部信息系统，推进企业财务、行政、人力资源的管理

2.3.4　企业的财务状况

企业的总资产 105W（其中流动资产 52W，固定资产 53W），负债 41W，所有者权益 64W。

流动资产（52W）：现金 20W，1 个账期的应收账款 15W，在制品价值 8W，成品价值 6W，原料价值 3W。

固定资产（53W）：1 间价值 40W 的大厂房和价值 13W 的生产设备，包括 3 条手工生产线和 1 条半自动生产线。

负债（41W）：长期贷款 40W，应付税金 1W，目前没有短期负债。

所有者权益（64W）：股东资本 50W，利润留存 11W，本年利润 3W。

接手时，企业的整体财务情况，如表 2-4 所示。

表 2-4　企业财务报表

表 2-4（a）综合费用表

单位：W

项　目	金　额
管理费	4
广告费	3
设备维护费	4
租金	0
转产费	0
市场准入	0
ISO 资格认证	0
产品研发	0

表 2-4（b）利润表

单位：W

项　目	金　额
销售收入	35
直接成本	12
毛利	23
综合费用	11
折旧前利润	12
折旧	4
支付利息前利润	8
税前利润	4

续表

项　目	金　额	项　目	金　额
其他	0	所得税	1
合计	11	本年利润	3

表 2-4（c）资产负债表

单位：W

项　目	金　额	项　目	金　额
现金	20	长期负债	40
应收款	15	短期负债	0
在制品	8	应交所得税	1
产成品	6	—	—
原材料	3	—	—
流动资产合计	**52**	**负债合计**	**41**
厂房	40	股东资本	50
生产线	13	利润留存	11
在建工程	0	本年利润	3
固定资产合计	**53**	**所有者权益合计**	**64**
资产总计	**105**	**负债和所有者权益总计**	**105**

综合费用表用于记录每年企业经营所产生的费用。在表 2-4（a）中，该企业在初始年经营过程中，其综合费用为 11W。

利润表又称损益表，是反映企业在一定会计期间的经营成果的财务报表，是企业经营成果的体现。在表 2-4（b）中，本年利润为 3W，所欠所得税为 1W，需要在下一年的年初支付。

资产负债表是反映企业在某个时点的全部资产、负债和所有者权益情况的会计报表，是企业业务状况的静态体现，根据“资产 = 负债 + 所有者权益”这一平衡公式，依照一定的分类标准和次序，将该企业年末经营结束时的资产、负债和所有者权益的具体项目予以适当的排列编制而成。资产负债表可以反映企业的现有资产状况、短期偿债能力和长期发展能力，用以评估企业的整体状态。该企业的资产负债表，如表 2-4（c）所示。

2.3.5　企业的初始状态

从表 2-4 中可以了解企业的现有状况，以及当年结束后的经营成果，具体信息需要在沙盘盘面进行查看。为了保证模拟经营过程中的公平，所有企业的初始状态相同。

在 ERP 沙盘模拟中，以季度 Q（quarter）为时间单位进行经营，一年分为四个季度。

1. 初始货币（见图 2-4）

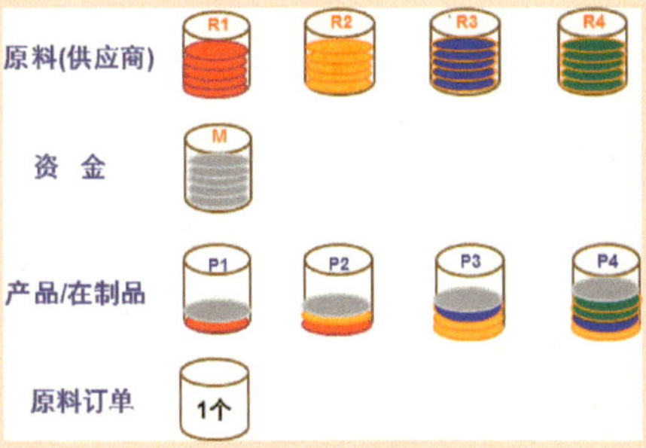

图 2-4　初始货币

ERP 沙盘货币分为五种颜色，灰色为钱币，1 个灰币代表 1W；红币代表 R1 原材料，黄币代表 R2 原材料，蓝币代表 R3 原材料，绿币代表 R4 原材料，每种原材料币价格为 1W；P1 产品、P2 产品、P3 产品和 P4 产品需要灰币与之相对应的彩币组合成产成品，如 P1 产品由 R1 构成，P1 生产也需要 1W 的费用，所以，P1 由 1 个灰币加 1 个红色的 R1 原料币组成。原材料采购可以用在空桶放置便利贴或者相对应的彩币进行表示。

实践操作：该步骤需要引导学生进行操作，生产总监去指导教师处领取 R1、R2、R3 和 R4 各 1 满桶，灰币 1 满桶。放入 R1 和 1 个灰币，用以表示 P1 产品；放入 R1、R2 加 1 个灰币，用以表示 P2 产品；放入 2 个 R2、1 个 R3 加 1 个灰币，用以表示 P3 产品；放入 R2、R3、2 个 R4 加 1 个灰币，用以表示 P4 产品。本步骤结束。

2. 生产中心（见图 2-5）

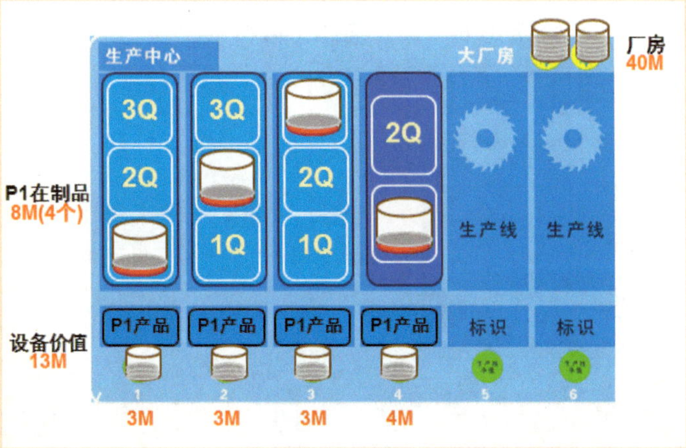

图 2-5　生产中心

生产中心包含两种厂房：大厂房价值 40W，可放置 6 条生产线；小厂房价值 30W，可放置 4 条生产线。本企业拥有大厂房，价值 40W；4 条生产线上分别有不同周期的 P1 在制品 1 个，每个价值 2W，共计 8W；手工生产线原值 5W，净值 3W；半自动生产线原值 8W，净值 4W；设备价值共计 13W。

实践操作： 该步骤需要引导学生进行操作，生产总监去指导教师处领取 R1 红色币 4 个、灰币 17 个、手工线 3 条、半自动线 1 条、P1 产品标识 4 个、空桶 10 个（包括装满灰币的桶 2 个）。首先，放置生产线 4 条，在生产线下方放置 P1 产品资格，用 R1 加 1 个灰币组成 P1 产品，分别放置在 1Q 手工线、2Q 手工线、3Q 手工线、1Q 半自动线上。其次，在对应的生产线位置下方放置对应的设备价值，3 条手工线都为 3W，1 条半自动线为 4W。最后，在厂房价值处摆好价值为 40W 的 2 个装满灰币的桶。本步骤结束。

3. 物流中心（见图 2-6）

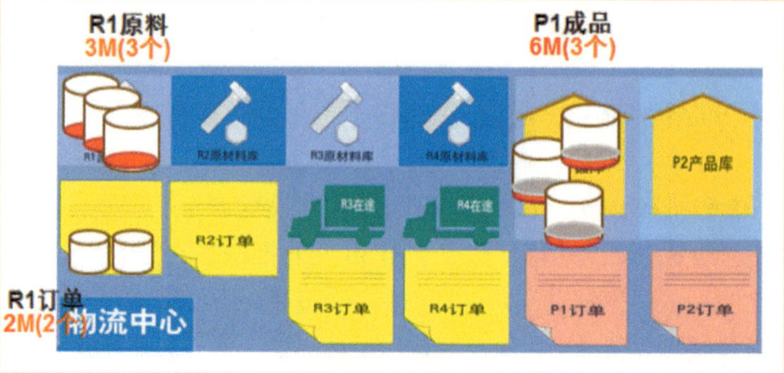

图 2-6　物流中心

R1 原料库有 3 个 R1 原料，每个价值 1W，共计 3W；P1 成品库有 3 个 P1 产品已完工，每个价值 2W，共计 6W；已下 R1 原料订单 2 个，用放在相应位置的空桶表示。

实践操作： 该步骤需要引导学生进行操作，生产总监去指导教师处领取 R1 红色币 6 个、灰币 3 个、空桶 8 个，将 3 个红色币分别放在空桶内，用来表示 R1 原材料放置在 R1 原料库；将 3 个红色币分别与 3 个灰币组成产品 P1，放置在 P1 的产成品库；将 2 个空桶放在 R1 订单处，表示已经订购了 2 个 R1 原材料。本步骤结束。

4. 财务中心（见图 2-7）

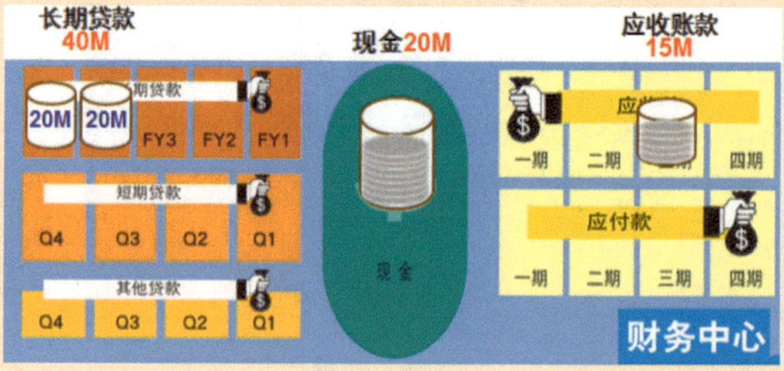

图 2-7　财务中心

财务中心用来表示企业的现金、收支、长期贷款、短期贷款和其他贷款的情况。

目前，该企业拥有 4 ～ 5 年的长期负债 40W，用 2 个空桶表示；有 3 个账期的应收账款 15W ；有现金资产 20W。

实践操作：该步骤需要引导学生进行操作，财务总监去指导教师处领取空桶 4 个、灰币 35W。在长期贷款 FY4、FY5 处放置空桶 2 个，代表已有 4 年期贷款 20W、5 年期贷款 20W，合计 40W 的长期贷款；将满币的桶放置在现金处，代表该企业目前现金还有 20W；用剩余的 15W 灰币放置在应收账款的 3 期处，代表该企业本年应收账款为 15W。本步骤结束。

5. 营销与规划中心（见图 2-8）

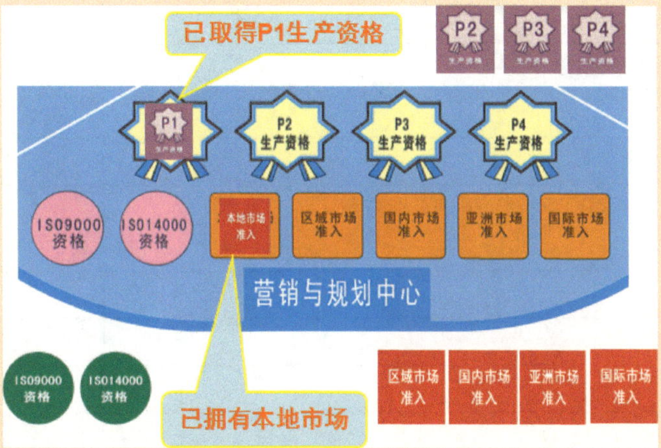

图 2-8　营销与规划中心

营销与规划中心用来表示企业的产品资质、ISO 资格、市场准入资格。目前，该企业 P1 产品获得生产资格和本地市场的准入资格。

实践操作：该步骤需要引导学生进行操作，营销总监去指导教师处领取 P1 生产资格和本地市场准入资格卡片，分别放置在 P1 生产资格处和本地市场准入资格处。本步骤结束。

2.4　经营过程与规划

ERP 沙盘企业模拟经营有三个重要阶段，分别为年初、年中和年末，同时还包括可以随时进行的特殊工作，如表 2-5 所示。第一年经营流程，如表 2-6 所示。

表 2-5　经营过程与规划表

阶　段	具体任务	备　注
年 初	新一年规划，广告投放，参加订货会，申请长期贷款	7 项内容
年 中	短期贷款，购置厂房，生产线建设，交货，研发	18 项内容
年 末	关账，年末付款项	5 项内容
特殊工作	紧急采购，出售库存，厂房贴现，应收款贴现	4 项工作，可随时进行

表 2-6　第一年经营流程表

企业经营流程表 请按顺序执行下列各项操作	每执行完一项操作，CEO 请在相应的方格内打钩 财务总监（助理）在方格中填写现金收支情况			
新年度规划会议				
投放广告				
参加订货会选单 / 登记订单				
支付应付税				
支付长期贷款利息				
更新长期贷款 / 长期贷款还款				
申请长期贷款				
季初现金盘点（填写余额）				
更新短期贷款 / 短期贷款还本付息 / 申请短期贷款（不含紧急贷款）				
申请短期贷款				
原材料入库 / 更新原料订单				
下原料订单				
购买 / 租用厂房				
更新生产 / 完工入库				
新建生产线 / 变卖生产线 / 生产线转产				
开始下一批生产				
更新应收款 / 应收款收现				
按订单交货				
产品研发投资				
新市场开拓 /ISO 资格认证投资				
支付行政管理费				
其他现金收支情况登记				
紧急采购				
出售库存				
贴现				
厂房贴现				
缴纳违约订单罚款				
支付设备维护费				
计提折旧				

该企业需要严格按照经营流程表的顺序，有序地完成每年的经营操作，各岗位成员需要各尽其职，确保自己负责的经营数据的准确性并填写经营表格，由 CEO 逐项确认完成。财务

总监完成每年的现金流量表的记录，以及综合费用表内的各项支出记录；采购总监每年要计划好每季需要的原材料出入库情况，避免库存原材料不必要的浪费；生产总监记录好每季的产能和在制品，并报备到 CEO 与营销总监处，方便 CEO 与营销总监进行市场分析；营销总监记录好产品的出入库情况、产品的生产资格和 ISO 开发资质。

2.4.1　年初工作内容

1. 新年度规划会议

新的一年开始之际，企业管理团队要进行市场研究，并根据研究成果作出合理的市场预测，制定（调整）企业战略，作出经营计划、设备投资规划、营销策划方案等。具体来讲，企业需要进行销售预算、可承诺量的计算及资金预算。

常言道："凡事预则立，不预则废。" 预算是企业经营决策和长期投资决策目标的一种数量表现，即通过有关的数据，将企业全部经济活动的各项目标具体地、系统地反映出来。销售预算是编制预算的起点和关键，主要是对本年度要达成的销售目标的预测，其内容包括销售数量、价格和销售收入等。

参加订货会之前，需要计算本企业的可接单量。企业可接单量主要取决于生产总监基于现有库存和生产能力的预判。因此，产能计算的准确性直接影响销售交付。财务总监还需要作出资金预算，判定是否有足够的资金支持本年的经营，使企业完成经营目标。

2. 投放广告

ERP 企业经营管理手工沙盘共有 5 个市场和 4 个产品。我们将 1 个市场与产品的组合称为回合，最多有 20 个回合：（本地，P1）、（本地，P2）、（本地，P3）、（本地，P4）、（区域，P1）、（区域，P2）……（国际，P3）、（国际，P4）。

各企业需要填写当年的广告登记表，对每个回合单独投放广告。如果该市场尚未开发，则不允许投放广告。

注意：

（1）产品资格未开发完成也可以投放广告。

（2）若希望获得有 ISO 资格要求的订单，除了应具有相应的认证资格外，还要在广告投放单对应的 ISO 资格栏中投入 1W 广告费。

在一个回合中，投放 1W 广告费将获得一次选单机会，之后每多投 2W 则增加一次选单机会。比如，投入 7W 表示最多有 4 次机会，但能否有 4 次拿单机会，取决于市场需求、竞争态势等因素；投入 2W 只能拿一张订单，只是比投入 1W 的优先拿到订单。

财务总监在广告投放时登记现金支出，并在盘面现金中取出相应的现金放置于盘面的"广告费"处。

3. 参加订货会选单 / 登记订单

广告投放完毕，指导教师将各组的广告投放情况录入系统，核实后，订货会开始。订货会按照（本地，P1）、（本地，P2）、（本地，P3）、（本地，P4）、（区域，P1）、（区域，P2）……（国际，P3）、（国际，P4）的顺序依次展开。每个回合的选单可能有若干轮，每轮选单中，各组按照排定的顺序依次选单，但只能选一张订单。当所有组都选完一轮后，若还有订单，则开始进行第二轮选单，依此类推，直到所有订单被选完或所有组退出选单为止，本回合结束。

注意： 某个回合有多次选单机会，只要放弃一次，则视同放弃该回合的所有选单机会，但不影响后面回合的选单。

选单排序规则如下：①上年本市场销售排名第一的企业，如在该市场无违约记录，则称为市场老大，在本年该市场投入广告的产品中（指所有产品）可以优先选单；②若有几个企业并列销售第一，则按照指导教师记录投放广告时间的先后排序或出价低者得单；③按照各企业在某回合投放广告费的多少排定选单顺序；④如果在一个回合中投入的广告费用相同，按照投入本市场的广告费总和（即 P1、P2、P3 和 P4 的广告费之和）排定选单顺序；⑤如果本市场的广告费用总和一样，按照上年在该市场上实现的销售额排名排定选单顺序；⑥如果上年在市场上实现的销售额相同，则通过抓阄决定或出价低者得单。

下面以某一年（区域，P2）的回合为例，说明选单过程。

A组					
产品	广告	上年销售额	ISO9K	ISO14K	订单号
P1	2	36		★	
P2	1				
P3					
P4	3				
B组					
产品	广告	上年销售额	ISO9K	ISO14K	订单号
P1	5	36	★		
P2	1				
P3					
P4					
C组					
产品	广告	上年销售额	ISO9K	ISO14K	订单号
P1	1	19			
P2	4				
P3					
P4					
D组					
产品	广告	上年销售额	ISO9K	ISO14K	订单号
P1	2	27	★	★	
P2	3				
P3	3				
P4					

RP2-001
区域市场
4 P2
7.2M/个
= 29M
账期：1Q

RP2-002
区域市场
3 P2
6.7M/个
= 20M
账期：1Q

RP2-003
区域市场
1 P2
8M/个
= 8M
账期：3Q
ISO9000

RP2-004
区域市场
3 P2
7.3M/个
= 22M
账期：2Q
ISO14000

图 2-9 选单说明 1

由图 2-9 可知，C 组先选了总价为 29W 的订单，D 组选了总价为 22W 的订单，B 组选了总价为 20W 的订单，A 组无法选择订单。C 组还有二次选单机会，但只能选剩余的一张，选后状态如图 2-10 所示。

A组

产品	广告	上年销售额	ISO9K	ISO14K	订单号
P1	2	36		★	
P2	1				
P3					
P4	3				

B组

产品	广告	上年销售额	ISO9K	ISO14K	订单号
P1	5	36	★		RP2-002
P2	1				
P3					
P4					

C组

产品	广告	上年销售额	ISO9K	ISO14K	订单号
P1	1	19			RP2-001
P2	4				
P3					
P4					

D组

产品	广告	上年销售额	ISO9K	ISO14K	订单号
P1	2	27	★	★	RP2-004 RP2-003
P2	3				
P3	3				
P4					

RP2-001
区域市场
4　P2
7.2M/个
= 29M
账期：1Q

RP2-002
区域市场
3　P2
6.7M/个
= 20M
账期：1Q

RP2-003
区域市场
1　P2
8M/个
= 8M
账期：3Q
ISO9000

RP2-004
区域市场
3　P2
7.3M/个
= 22M
账期：2Q
ISO14000

图 2-10　选单说明 2

注意： A 组无法选择订单。我们来看 P2 选单的广告排列顺序：4W → 3W → 1W → 1W。C 组投放了 4W 广告，所以优先选单；D 组投放了 3W 广告，在 C 组后第二个选单；B 组投放广告时间提前于 A 组，所以 B 组较 A 组先选单；到 A 组的时候只剩下了一张 ISO 9000 的订单，A 组只开发了 ISO 14000，所以 A 组选择不了 ISO 9000 的订单。

订单有五个要素，分别是数量、总价、交货期、账期和 ISO 要求。

数量：要求各企业一次性按照规定数量交货，不得多交、少交，不得拆分交货。

总价：交货后，企业将获得一定的应收款或现金。

交货期：若是加急订单，则必须在当年第一季度交货；否则，可以在当年任意季度交货，但必须当年交货，不得拖到第二年。

账期：在交货后的若干季度收到现金。比如，账期为 1Q，实际在第一季度完成交货，在当年第二季度应收款更新时收到现金。再如，账期为 2Q，实际在第三季度完成交货，在下一年第一季度更新应收款时收到现金。

注意： 收款时间从实际交货的季度算起。若账期为 0，则在交货时直接收到现金。

ISO 要求：有 ISO 9000 和 ISO 14000 两种认证，企业必须具备相应的认证资格，方可在订单选择中选择有认证要求的订单，否则选择不了有认证要求的订单。

注意： 实物沙盘经营是否需要对 ISO 订单单独投放广告，由指导教师决定。

各企业应根据自身的产能、设备投资计划选取订单，避免接单不足导致设备闲置，同时也应避免因盲目接单而导致无法按时交货。选单完毕，及时填写订单登记表。

4. 支付所得税

依法纳税是每家企业和每位公民的义务。请财务总监按照上一年利润表中“所得税”一项数值，取出相应的现金放置于沙盘上的“税金”处，并做好现金收支记录。

注意： 当年缴纳的税金是上一年产生的所得税。

5. 支付长期贷款利息

应付长贷利息＝累计长贷 × 长贷利率

财务总监需取出相应的现金放置于沙盘“利息”处。

注意： 假如第二年年末要计算应付长贷利息，需要加上第一年的长贷本金。

6. 更新长期贷款 / 长期贷款还款

（1）更新长期贷款。在盘面上将长贷空桶往现金方向推一格（表示一年）。例如，第一年贷款五年，把空桶放在 FY5 位置，第二年开始经营时需要把 FY5 位置的空桶推到 FY4 位置。

（2）长期贷款还款。还款时需要本金加利息一起偿还。假设第一年贷款 10W，贷款 5 年，每年还 1W 的利息，第五年结束时需要还款 11W。从现金库取出 11W，本金 10W 交还银行，1W 放置于沙盘上的“利息”处。每年的利息需要放置在盘面“利息”处，并做好登记。

7. 申请长期贷款

如果企业有信用额度，可以申请长贷，长贷数量必须是 10 的倍数。

可以申请的额度＝上一年所有者权益 × 贷款倍数 － 已有长短贷之和

贷款倍数中，手工贷款倍数通常为 2，电子沙盘贷款倍数通常为 3。

比如，假设第一年已经贷款合计数为 58W，第二年权益为 40W，则第二年当年可以贷款数为 62W（$40 \times 3-58$）。

财务总监去交易台获得相应数量的长贷现金，做好现金登记，并在长期贷款相应借款年份位置处做好标记。

注意： 长贷可用空桶（一个表示 20M）或空桶内放置便利贴表示，长贷最长可借 5 年。借入长贷时，需要从指导教师那里拿取相应的现金放置在盘面的“现金”处。

2.4.2 年中工作内容（每年重复进行四季）

1. 季初现金盘点

财务总监需要核对盘面现金与记录是否相符。

2. 更新短期贷款 / 短期贷款还本付息

（1）更新短期贷款。如果企业有短期贷款，请财务总监将空桶向现金库方向移动一格。移至现金库时，表示短期贷款到期。

（2）短期贷款还本付息。假设第一年第一季度申请了短期贷款 20W，在财务中心区域盘面 Q4 位置放置 20W 现金；第一年第二季度时，需要把短期贷款往前推一季，推到 Q3 位置处；第二年第一季度需要还本付息。假设利率为 5%，则本金与利息共计 21W。财务总监需要从现金库中取现金，其中 20W 还给银行，1W 放置于沙盘上的“利息”处，并做好现金收支记录。（如果现金没有 21W，则需要贴现，或以其他的融资方式进行还本付息。）

3. 申请短期贷款

财务总监到银行办理贷款手续。

可以申请的最高额度＝上一年所有者权益 × 贷款倍数（通常为 3 倍）－已有长短贷之和

短期贷款申请数量必须是 20 的倍数。完成借款用空桶（一个表示 20M）或纸条置于短贷 Q4 位置处，并做好标记。

贷款倍数中，手工沙盘为 2，电子沙盘通常为 3，也可以在系统参数中进行修改。

比如，第一年接手的制造业企业权益为 66W，第一年费用为 16W，第一年年末权益为 50W，第一年长期贷款贷出 40W，短期贷款未贷，则第二年的总贷款额为 100W，第二年可贷款额为 60W。计算过程如下：

66（第一年权益）−16（第一年费用）＝ 50（第二年权益）

50×2（贷款倍数）＝ 100（第二年总贷款额）

100−40（第一年已经贷出的长期贷款和短期贷款之和）＝ 60（第二年可贷款额）

4. 原材料入库 / 更新原料订单

供应商发出的货物运抵企业时，企业必须无条件接受货物并支付货款。采购总监将原料订单区中的空桶向原料方向推进一格，到达原料库时，向财务总监申请原料款，支付给供应商，换取相应的原料，同时做好现金登记。

5. 下原料订单

采购总监根据年初制订的采购计划，确定采购原料的品种和数量。每个空桶代表一个原料，将相应数量的空桶放置于对应品种的“原料订单”处。根据采购提前期，物流运输有 1 ～ 2 个周期，所以必须提前订货，如 R1 必须提前一季。

注意：R1、R2、R3、R4 四种原料，在盘面中分别用红、黄、蓝、绿四种彩币表示，价格均为 1W/ 个。

6. 购买 / 租用厂房

厂房为“一大”（6 条生产线）和“一小”（4 条生产线）两间，企业最多可以使用一大一小两间厂房。企业在新建生产线之前，必须以买或租的方式获得厂房。

如果企业选择租用厂房，租金在开始租用的季度交付，即从“现金”处取等量灰币，放在“租金费用”处，并将内有租金额字条的空桶放在 Q4“应付款”处，每季度推进空桶。一年租期到期时，如果决定续租，再次将相应的现金放在“租金”处，并将内有租金额字条的空桶放在 Q4“应付款”处（并未发生应付款，仅记账用）。

如果企业决定购买厂房，则取出与厂房价值相等的现金放置于盘面上的“厂房价值”处。

注意： 生产线一旦建成，不可以在不同厂房之间移动生产线。如果该厂房中有生产线，则不允许退租。

7. 更新生产 / 完工入库

由生产总监将各生产线上的在制品推进一格（从小数目方格推到大数目方格）。产品下线表示产品完工，将产品放置于相应的产品库中。

8. 新建 / 在建 / 转产 / 变卖生产线

（1）新建生产线。投资新设备时，生产总监向从指导教师处领取新生产线标识和产品标识。生产线标识翻转放置于厂房相应的“生产线”处，其上放置与该生产线安装周期相同的空桶数。生产总监每个季度向财务总监申请建设资金，财务总监做好现金收支记录。

资金额度 = 设备总购买价值 ÷ 安装周期

注意： 新建生产线已经确定用于生产何种产品，但不要求企业一定有该产品的生产资质。

（2）在建生产线。购买生产线之后，需要进行 2 期（含）以上投资的均为在建生产线，生产总监向财务总监申请建设资金，放置于空桶内，财务总监做好收支记录。

以自动线为例，其安装周期为 3Q，总投资额为 15W，生产线的安装操作可按表 2-7 进行。

表 2-7　生产线的安装操作

建设时间	每季投资额	安装说明
Q1	5W	1 期安装开始
Q2	5W	完成 1 期安装，在建 2 期安装
Q3	5W	完成 2 期安装，在建 3 期安装
Q4	—	完成 3 期安装，生产线建成，可以排产

投资生产线不一定需要连续支付，可以在投资过程中中断投资，也可以在中断投资之后的任意季度继续投资，但必须按照上表的投资原则进行操作。

注意：

（1）一条生产线的最后一期投资到位后，到下一季度才算安装完成，才允许投入使用。

（2）生产线安装完成后，盘面上必须将投资额放在“设备价值”处，以证明生产线安装完成，并将生产线标识翻转过来。

（3）参赛各组之间不允许相互购买生产线，只允许向设备供应商（管理员）购买。

（4）手工生产线安装不需要时间，随买随用。

（3）生产线转产。生产线转产是指生产线转为生产其他的产品。不同的生产线转产所需要的调整时间和资金投入是不同的。如果需要转产且该生产线需要一定的转产周期和转产费用，请生产总监翻转生产线标识，领取新的产品标识，按季度向财务总监申请并支付转产费用，放于生产线标识上。停工满足转产周期要求并支付全部转产费用后，再次翻转生产线标识，开始新产品的生产。财务总监做好现金收支记录，并将转产费用放于盘面的相应位置处。

以自动线为例，转产需要一个周期、2W 转产费。在第一季度开始转产，投资 2W 转产费，第二季度完成转产，可以生产新产品。

注意： 手工线、柔性线可以转产任何产品，没有转产周期和转产费用。

（4）变卖生产线。将变卖的生产线按其残值放入现金区，其他剩余价值（原值 – 残值）放入“其他”处，记入当年综合费用，并将生产线交还给供应商，即可完成变卖。

注意： 在建和转产中的生产线不可以变卖。

假设一条手工线的原值为 5W，折旧四年，每年折旧 1W，到第五年时可以变卖该生产线。这条手工线的净值为 1W（5W–4W），残值为 0.5W，净值与残值之差计入综合费用表中的“其他”项目。

9. 开始下一批生产

更新生产 / 完工入库后，某些生产线的在制品已经完工。同时，某些生产线已经建成，可以考虑开始生产新产品。如果有该产品的生产资格，由生产总监按照产品结构从原料库中取出原料，并向财务总监申请产品加工费，将上线产品摆放到相应的生产线。

注意：

（1）生产下一批产品的前提有三个——原料、加工费和生产资格。

（2）任何一条生产线的在产品只能有一个。

10. 更新应收款 / 应收款收现

财务总监将应收款向现金库方向推进一格，到达现金库时即成为现金，应做好现金收支记录。

11. 按订单交货

营销总监检查各成品库中的成品数量是否满足客户订单的要求，若满足，则按照订单要求交付约定数量的产品给客户。客户检查数量和交货期是否满足订单要求，若满足，则收货，并按订单上列明的条件支付货款。若为现金（0 账期）付款，营销总监直接将现金置于“现金库”处，财务总监做好现金收支记录；若为应收账款，营销总监将现金置于应收款相应的“账期”处。

注意：

（1）必须按订单整单交货。

（2）加急订单必须第一季度交货，其余订单必须在当年交货，违约则收回当年订单，不可再交单。

12. 产品研发投资

按照年初制订的产品研发计划，营销总监向财务总监申请研发资金，每个季度末可将卡片置于相应产品的生产资格位置，并做好现金收支记录。

13. 厂房出售（买转租）/ 退租 / 租转买

如果企业已租或已购买厂房，可以进行如下处理。

（1）如果已购买的厂房中没有安装生产线，可卖出厂房，增加 Q4 账期应收款，将代表厂房价值的现金放置于 Q4 应收账款的位置。

（2）如果已购买的厂房中有生产线，卖出厂房后，增加 Q4 账期应收款，并自动转为租用，从现金中扣除一年的租金（将租金放在“租金费用”处），记下起租的季度（在应付账款 Q4 处放一只内放租金额字条的空桶）。

（3）如果租用的厂房已租满一年（如第一年第二季度租，则第二年第二季度为满一年），可以进行如下处理。

①不论厂房是否有生产线，均可支付现金，转为购买（租转买）。此时，只需要按厂房的购买价格（大厂房 40W，小厂房 30W）扣除足量现金即可。

②如果厂房中没有生产线，可以选择退租，在盘面中将相应应付款处的空桶取走。

③对已租用的厂房继续租用时，可在当季结束时交下一年的租金（和管理费同时交付）。

14. 新市场开拓 /ISO 资格认证

营销总监向财务总监申请市场开拓 /ISO 资格投资费用，财务总监取出现金，放置在要开拓或投资的市场及 ISO 资格认证位置。

注意：

（1）营销总监此时应携带开发费用去指导教师处换取生产资格标识。

（2）只有每年第四季度季末允许该操作。

（3）可以中断投资，但不可以加速投资。

15. 支付行政管理费 / 更新厂房租金

管理费用是企业为了维持运营而发放的管理人员工资、必要的差旅费、招待费等。财务总监每个季度取出 1W 放在盘面的“管理费”处，并做好现金收支记录。

如果在应付款位置有租金字条的空桶更新满一年，则需要续租厂房，现金库中取出下一年租金放于盘面“租金”处，并将有租金字条的空桶放在应付款第四季度的位置。

16. 现金收入合计

财务总监统计本季度现金收入总额。

17. 现金支出合计

财务总监统计本季度现金支出总额。

注意： 第四季度统计的现金收支包括第四季度本身的和年底发生的现金收支。

18. 期末现金对账

财务总监盘点现金余额，并进行核对。

以上 18 项工作每个季度重复进行。

2.4.3 年末工作内容

1. 缴纳违约订单罚款

如果未能及时交货，需要接受一定的惩罚。

（1）按订单销售额的一定比例缴纳罚款，并直接从现金中扣除，记入当年综合费用“其他”费用项。

（2）违约后该订单会被回收。

（3）即使在该市场完成的销售额最高，也无权获得市场老大地位。

违约后，请财务总监做好现金支出登记。

2. 支付设备维护费

已经建成的每条生产线需要支付 1W/ 年的维护费，生产总监向财务总监提出申请，财务总监从盘面“现金”处取出相应的现金放置于盘面“维护费”处，并做好现金收支记录。

注意： 当年建成的生产线（不论在哪一季度）均需要支付设备维护费。

3. 计提折旧

固定资产折旧是指固定资产由于损耗而转移到生产经营管理成果中去的那部分以货币表现的价值，以折旧的形式计入生产经营成本。厂房不提折旧，设备（生产线）按平均年限法计提折旧，在建工程及当年建成的设备不计提折旧。财务总监从生产线下方净值中取出折旧费，放置于盘面的“折旧”处。

注意：

（1）当年建成的生产线不提折旧。

（2）当净值等于残值时，无须再提折旧。

（3）折旧与现金流无关。

4. 新市场 /ISO 资格换证

营销总监检查新市场 /ISO 资格投资是否已经完成，若完成，可携带开发费用去指导教师或管理员处换取相应标识。

5. 结账

财务总监需要编制综合费用表、利润表和资产负债表。

年度经营结束之后，管理员将盘面上的成本费用标识取走，为下一年的经营做好准备。

2.4.4 特殊工作（随时可以进行）

1. 紧急采购

有两种情况会用到紧急采购。

（1）如果下一批生产原材料预订不足，又需要当期使用，可以用原材料成本价 2 倍的现金采购原材料。采购总监提出申请，用一个灰币（现金）换取原料（彩币），另外将一个灰币（现金）置于盘面“其他”处，请财务总监做好现金支出记录。

（2）按订单交货时发现产成品的库存不足，可以用直接成本 3 倍的价格采购，以直接成本价值的现金去管理员处换取成品，另将 2 倍直接成本价值的现金放置于盘面“其他”处，请财务总监做好现金支出记录。

2. 出售库存

一旦现金断流，可以用出售库存的方式融资。产品可以按照成本价售出；原材料按照 8 折（该参数可调整）的价格售出，即直接成本为 10W，原材料收回 8W 现金。若收回的现金出现小数，则向下取整，如出售直接成本为 8W 的原材料，收回 6W 现金。

携带产品或原材料到交易处兑换相当于直接成本价值的现金，折价部分置于盘面“其他”处。

3. 贴现

贴现是指将未来可以收到的应收账款提前收取，并付一定的费用。不同账期的应收账款采用不同的贴现率：1 期、2 期应收款按 1:9（10W 应收款扣 1W 贴息，小于 10W 的贴现均收取 1W 贴息）的比例贴现；3 期、4 期应收款按 1:7（8W 应收款扣 1W 贴息，小于 8W 的贴现也收取 1W 贴息）的比例提现。只要有足够的应收账款，可以随时贴现（包括下一年支付广告费时，也可使用应收贴现）。从应收账款中取出收现部分放于盘面“现金”处，其余放于“贴息”处。

注意： 可将 1 期、2 期应收款加总贴现，如 1 期贴 4W，2 期贴 6W，则总共扣 1W 贴息；3 期、4 期操作相同。

4. 厂房贴现

在正常情况下出售厂房后，直接转入 4Q 的应收账款。但在有急用的情况下，且操作步骤没有轮到变卖厂房的操作时，可以利用厂房贴现，直接将厂房的价值按照 4Q 应收账款贴现（按 1:7 的比例）。可将厂房价值分别转入“现金”“租金”和“贴息处”。

厂房出售与厂房贴现主要有以下区别。

厂房出售：第一年第一季度购买一个价值 40W 的大厂房，第二年第一季度进行出售，则需要拿 2 个 20W 的满币桶，放在应收款 4Q 的位置上，用以表示出售厂房收到的款项是一笔为期 4 季的收款。

厂房贴现：第一年第一季购买一个价值 40W 的大厂房，第二年第一季度进行贴现，按照手工沙盘 4Q 应收款 1:7 的贴现比率进行贴现。如果紧急贴现的是有生产线的大厂房，将实际转入现金 30W，其中 5W 转入贴现费用，5W 转入厂房租金。如果紧急贴现的大厂房中无生产线，则将转入现金 35W，其中 5W 转入贴现费用。

2.4.5 账务处理及经营报表生成

企业经营流程表中各项任务对应操作要点，如表 2-8 所示。

表 2-8 企业经营流程表

流 程	操作要点
新年度规划会议	需要 CEO 在当年开始时把盘面清零，做好本年度的规划
参加订货会 / 登记销售订单	无
制订新年度计划	无

续表

流　程	操作要点
支付应付税	需要支付上一年的税金
季初现金盘点（请填余额）	投放完广告剩下的现金
更新短期贷款 / 短期贷款还本付息 / 申请短期贷款（不含紧急贷款）	上一年的短贷利息计入今年的财务费用
更新应付款 / 归还应付款	如本年有应付款，把手工沙盘上的应付款向前推一格
原材料入库 / 更新原料订单	原料到货付现
下原料订单	R1、R2 提前一季，R3、R4 提前两季
更新生产 / 完工入库	无
投资新生产线 / 变卖生产线 / 生产线转产	变卖生产线计入综合费用表中的“其他”
紧急采购（随时进行）	紧急采购计入综合费用表中的“其他”
开始下一批生产	无
更新应收款 / 应收款收现	无
出售厂房	无
向其他企业购买成品 / 出售成品	无
按订单交货	根据已选定订单的总金额，计入利润表中的“销售收入 / 销售成本”
产品研发投资	计入综合费用表中的“研发费用”
新市场开拓 /ISO 资格认证投资	计入综合费用表中的“ISO/ 市场开拓”
厂房出售（退租）/ 租转买	计入综合费用表中的“厂房租金”
支付行政管理费	每季度 1W，计入综合费用表中的“管理费”
出售库存	计入综合费用表中的“其他”
厂房贴现	租金计入综合费用表中的“厂房租金”，贴息计入利润表中的“财务费用”
应收款贴现	贴息计入利润表中的“财务费用”
缴纳违约订单罚款	计入综合费用表中的“其他”
支付设备维护费	计入综合费用表中的“维护费”
计提折旧	计入利润表中的“折旧”

完成本年经营后，根据盘面各费用项，可以先生成综合费用表，再生成利润表。综合费用表和利润表，分别如表 2-9 和表 2-10 所示。

表 2-9　综合费用表

项　目	金　额	备　注
管理费	4W/ 年	每一季 1W 的管理费用，4W/ 年
广告费	—	第一年没有广告费，分别计算第二至第六年的广告费用总和

续表

项 目	金 额	备 注
设备维护费	1W/ 年 2W/ 年	生产线建成开始使用才交维护费，如果生产线在第四季度为在建，这条生产线不交维护费，手工线每条 1W/ 年，自动线、柔性线每条 2W/ 年
损失	—	（1）库存折价拍卖，原材料 8 折拍卖后，2 折计入损失。 （2）生产线变卖，生产线净值与残值之差计入损失。 （3）紧急采购，原材料是成本的 2 倍，产成品是成本的 3 倍，紧急采购的价格减去成本之差计入损失。 （4）订单违约计入损失
转产费	2W，1W	手工线、柔性线没有转产费用，自动线、租赁线转产费为 2W，半自动线转产费为 1W，转产周期为 1 季
厂房租金	5W/ 年 3W/ 年	大厂房 5W/ 年，小厂房 3W/ 年，购买厂房无须交租金
新市场开拓	1W/ 年	本地、区域、国内、亚洲、国际 1W/ 年；不开拓市场，则不需要缴纳市场开拓费
ISO 资格认证	1W/ 年	ISO 9000：1W/ 年 ISO 14000：1W/ 年
产品研发	—	当年各个产品的研发总和
信息费	1W	间谍使用费 1W，比赛时由裁判自行设定
合 计	D	合计数是利润表中的综合费用，用“D”来表示

表 2-10 利润表

项 目	金 额	备 注
销售收入	A	订单交货的总价（拿完订单后，已经交货的才计入销售收入）
直接成本	B	P1 为 2W，P2 为 3W，P3 为 4W，P4 为 5W
毛利	C	C=A-B（销售收入 - 直接成本）
综合费用	D	综合费用表中的合计数 D
折旧前利润	E	E=C-D（毛利 - 综合费用）
折旧	F	生产线建成当年不计提折旧，从下一年开始计提折旧；采用平均年限法；当净值与残值相等时，不再计提折旧
支付利息前利润	G	G=E-F（折旧前利润 - 折旧）
财务费用	H	泛指利息，第一年没有，从第二年开始计算，长贷利息为 10%，短贷利息为 5%，应收款贴现时贴息
税前利润	I	I=G-H（支付利息前利润 - 财务费用）
所得税	J	税前利润＜ 0 时，不支付所得税；税前利润＞ 0 时，税前利润与利润留存相加，用来弥补以前年度亏损，弥补后的数＜ 0 时，不缴纳所得税，弥补后的数＞ 0 时，则按照 25% 缴纳所得税；如果下一年税前利润＞ 0，按照税前利润直接乘以税率（25%）计算所得税
本年利润	K	K=I-J（税前利润 - 所得税）

完成综合费用表、利润表后可以生成资产负债表，如表 2-11 所示。

表 2-11　资产负债表

项　目	金　额	备　注	项　目	金　额	备　注
现金	1	投放广告之前的现金数	长期负债	L	长贷（不含利息）
应收款	2	交货之后没有收回的款项	短期负债	M	短贷（不含利息）
在制品	3	还在生产线上的产品成本 × 个数	应交所得税	J	利润表中的 J
产成品	4	已经在成品库中的成本 × 个数			
原材料	5	已经到达原材料库中的，在途物资的原材料不计入			
流动资产合计		流动资产合计 =1+2+3+4+5	**负债合计**	N	N=L+M+J
厂房	6	大厂房 40W，小厂房 30W，租厂房 0W	股东资本	60	初始现金，每年不变，根据系统变更
生产线	7	生产线的净值，如自动线购买时为 15W，折旧为 4W，则净值为 11W	利润留存	O	今年利润留存 = 去年利润留存 + 去年净利
在建工程	8	生产线没有建成时投入的资金，如 1 季投资 5W	本年利润	K	利润表中的年度净利润
固定资产合计		固定资产合计 =6+7+8	**所有者权益合计**	P	P=60+ 利润留存 + 年度净利
资产总计		资产总计 = 流动资产合计 + 固定资产合计	**负债和所有者权益合计**	Q	Q=N+P

2.4.6　起始年经营

学习了经营规则之后，原管理层将带领新管理层经营一年，称为起始年或第零年。新管理层在起始年的主要任务是团队磨合、熟悉规则。

起始年得到本地市场 1 张订单：6 个 P1，2 个应收账期，32W 销售额。营销总监据此填写订单登记表、销售核算统计表。起始年的经营策略，如表 2-12 所示。

表 2-12 起始年的经营策略

单位：W

流 程	第一季度	第二季度	第三季度	第四季度	备 注
新年度规划会议	★				
参加订货会 / 登记销售订单	-1				年初支付 1W 广告费
制订新年度规划	★				
支付应付税	-1				
季初现金盘点	18	14	10	22	
更新短贷 / 支付利息 / 获得新贷款	×	★	★	★	不进行任何贷款
更新应付款 / 归还应付款	×	×	×	×	
原材料入库 / 更新原料订单	-2	-1	-1	-1	
下原料订单	★	★	★	★	
更新生产 / 完工入库	★	★	★	★	
投资新建生产线 / 变卖生产线 / 生产线转产	★	★	★	★	不投资新的生产线
向其他企业购买原材料 / 出售原材料	×	×	×	×	
开始下一批生产	-1	-2	-1	-2	
更新应收款 / 应收款收现	★	★	15	32	
出售厂房	×	×	×	×	
向其他企业购买成品 / 出售成品	×	×	×	×	
按订单交货	×	★	×	×	
产品研发投资	×	×	×	×	不进行产品研发
支付行政管理费	-1	-1	-1	-1	
其他现金收支情况登记	×	×	×	×	
支付利息 / 更新长贷款 / 申请长期贷款				-4	
支付设备维护费				-4	
支付租金 / 购买厂房				★	不购买新厂房
计提折旧				（4）	
新市场开拓 /ISO 认证投资				★	不开拓新市场，不进行 ISO 认证
结账				★	
现金收入合计	0	0	15	32	
现金支出合计	-4	-4	-3	-12	
期末现金对账	14	10	22	42	

注： 画“×”代表无此操作，画“★”代表略过此操作。（填写“按订单交货”处时，需要核准当年订单情况后才可以画“★”）

注意： 每季度下 1 个 R1 原料的采购订单。（因上一年采购了 2 个 R2，所以第一季度的原材料为 -2，下一季度开始每季度的原材料为 -1，每季度只采购 1 个 R1 原料）

表 2-13　商品核算统计表

项　目	P1	P2	P3	P4	合　计
数量	6				6
销售额	32				32
成本	12				12
毛利	20				20

起始年的损益表和资产负债表，如表 2-14（a）和表 2-14（b）所示。

表 2-14（a）　损益表

项　目	运算符	上　年	本　年
销售收入	+	35	32
直接成本	-	12	12
毛利	=	23	20
综合费用	-	11	9
折旧前利润	=	12	11
折旧	-	4	4
支付利息前利润	=	8	7
财务收入 / 支出	+/-	4	4
额外收入 / 支出	+/-		
税前利润	=	4	3
所得税	-	1	1
本年利润	=	3	2

表 2-14（b） 资产负债表

单位：百万

资 产		年初	本年	负债 + 权益		年初	本年
现金	+	20	42	长期负债	+	40	40
应收款	+	15	0	短期负债	+	0	0
在制品	+	8	8	应付款	+	0	0
成品	+	6	6	应交税	+	1	1
原料	+	3	2	1 年到期的长贷	+		
流动资产合计	=	52	58	**负债合计**	=	41	41
固定资产				权益			
土地和建筑	+	40	40	股东资本	+	50	50
机器设备	+	13	9	利润留存	+	11	14
在建工程	+			本年利润	+	3	2
固定资产合计	=	53	49	**所有者权益**	=	64	66
总资产	=	105	107	**负债 + 权益**	=	105	107

新的管理层已经学习了基本的经营流程和规则，将担起企业发展的重任，完全独立经营。这是一个全新的开始，充满挑战与机遇。但独立面对市场，了解基本的经营流程和规则还不够，必须要读懂由权威市场调研机构提供的对未来 6 年里各个市场需求所进行的预测。

在图 2-11 中，左侧柱状图表示各产品的本地市场需求量预测，右侧折线图表示各产品的本地市场价格波动预测。除了需求量和价格之外，企业要根据外部环境变化，及时调整自己的经营策略。

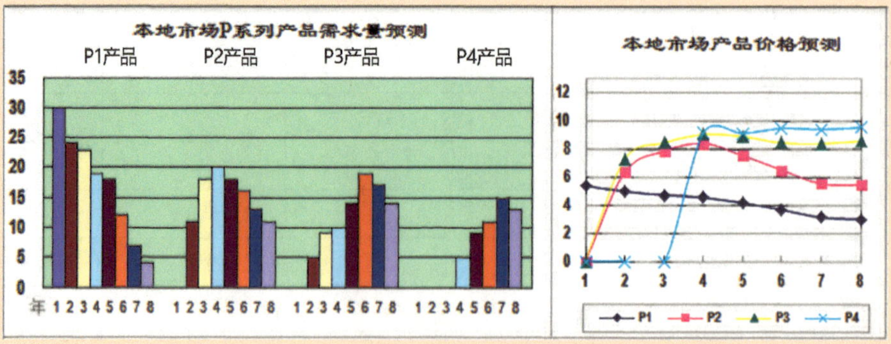

图 2-11 本地市场 P 系列产品预测

2.4.7 企业经营管理沙盘工具的使用

企业经营管理沙盘工具（以下简称“沙盘工具”）分为三部分，分别是使用平台、分析平台和查询平台。

1. 使用平台

（1）报表录入。本年经营结束之后，填写企业“三表”——综合费用表、利润表和资产负债表，报表录入页面的各表页面，如图 2-12（a）、图 2-12（b）和图 2-12（c）所示。

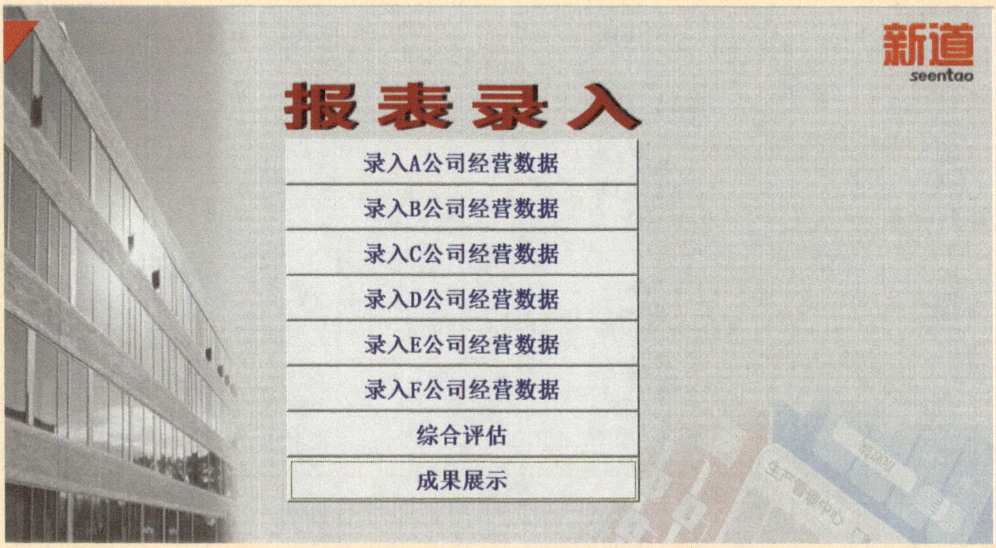

图 2-12　(a) 报表录入

年份	管理费	广告费	设备维护	厂房租金	转产费	市场开拓	ISO认证	产品研发	其他	总计	P1			P2			P3			P4		
											收入	数量	成本	收入	数量	成本	收入	数量	成本	收入	数量	成本
1年	4		5			4	3	4		20	31	6	12									
2年	4		5			3	3			15	15	3	6	21	3	9						
3年																						
4年																						
5年																						
6年																						
7年																						
8年																						

模拟公司名称

图 2-12　(b) 综合费用表

利润表								
项目	1	2	3	4	5	6	7	8
销售收入	31	36						
直接成本	12	15						
毛利	19	21						
综合费用	20	15						
折旧前利润	-1	6						
折旧	5	5						
息前利润	-6	1						
财务收/支								
额外收/支								
税前利润	-6	1						
税								
净利润	-6	1						

资产								
流动资产	1	2	3	4	5	6	7	8
现金	43	30						
应收		14						
在制品	12	12						
产成品								
原材料								
流动合计	55	56						
固定资产								
土地和建筑	40	40						
机器设备	5	5						
在建工程								
固定合计	45	45						
资产总计	100	101						

负债+权益								
负债	1	2	3	4	5	6	7	8
长期负债	40	40						
短期负债								
应付款								
应缴税								
1年期长贷								
负债合计	40	40						
权益								
股东资本	50	50						
利润留存	16	10						
年度利润	-6	1						
权益小计	60	61						
负债权益总计	100	101						

利润表								
项目	1	2	3	4	5	6	7	8
销售收入	48							
直接成本	16							
毛利	32							
综合费用	23							
折旧前利润	9							
折旧	8							
息前利润	1							
财务收/支								
额外收/支								
税前利润	1							
税								
净利润	1							

资产								
流动资产	1	2	3	4	5	6	7	8
现金	50							
应收	20							
在制品	8							
产成品	8							
原材料								
流动合计	86							
固定资产								
土地和建筑								
机器设备	60							
在建工程								
固定合计	60							
资产总计	146							

负债+权益								
负债	1	2	3	4	5	6	7	8
长期负债	30							
短期负债	49							
应付款								
应缴税								
1年期长贷								
负债合计	79							
权益								
股东资本	50							
利润留存	16							
年度利润	1							
权益小计	67							
负债权益总计	146							

图 2-12 （c）利润表、资产负债表

以上数据为 A 公司第一年的经营成果。工具表中黄色部分为系统自动算出，不需要指导教师或管理员进行填写，指导教师填写白色框的部分即可。其中，A 公司的经营数据需要 A 公司成员进行计算，指导教师只需要询问计算结果后，将结果填写到沙盘工具中。操作完成后，点击按键回到首页，如图 2-13 所示。

年份	管理费	广告费	设备维护	厂房租金	转产费	市场开拓	ISO认证	产品研发	其他	总计	P1			P2			P3			P4		
											收入	数量	成本	收入	数量	成本	收入	数量	成本	收入	数量	成本
1年	[illegible]		4	6		5	2	2		23	48	8	16									
2年																						
3年																						
4年																						
5年																						
6年																						
7年																						
8年																						

模拟公司名称

图 2-13 回到首页

注意： 如果想回到首页，点击左上角的菱形即可。

经营完本年之后，在“成果展示”区查看所有小组成员的信息，点击报表录入中的“成果展示”，如图 2-14 所示。成果展示结果，如图 2-15 所示。

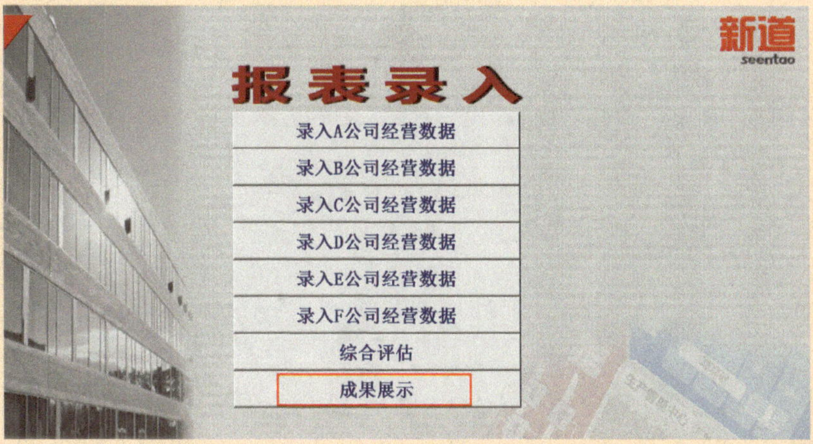

图 2-14　点击“成果展示”

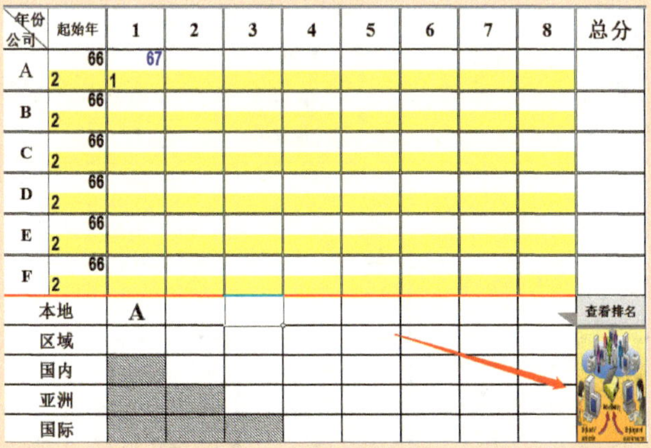

年份/公司	起始年	1	2	3	4	5	6	7	8	总分
A	66 2	67 1								
B	66 2									
C	66 2									
D	66 2									
E	66 2									
F	66 2									
本地		A								查看排名
区域										
国内										
亚洲										
国际										

图 2-15　成果展示结果

注意：如果想回到首页，点击右下角的箭头指向即可。

在成果展示区内可以看到各个企业的权益变化，第一竖列中 A 公司第二年的净利均为 1W，权益为 67W。在下方查看排名处可以看出 A 公司因在本地市场的销售份额相比其他组高，故 A 公司为本地市场老大，下一年拥有优先选单的机会。

（2）广告录入。需要在填写报表之后进行广告录入的操作，每组成员需告知指导教师本组已经开拓的市场投放额度情况，订单可能会有带认证资格的订单。指导教师决定有资格认证的订单是否单独投放，如果单独投放，则需要在每个市场的每个产品的资格认证处投放 1W，才可以获取带 ISO 资格认证的订单。

广告录入页面，如图 2-16 所示。点击录入第一年广告，如图 2-17“广告登记”所示。指导教师需要把学生确认的广告投放金额录入在工具表中对应产品的位置，确保所有学生都已经录入，点击封存广告单，广告投放结束。

图 2-16　广告录入

第一年广告登记　　封存广告单

	（本地）						（区域）						（国内）						（亚洲）						（国际）						广告合计
	P1	P2	P3	P4	9K	14K	P1	P2	P3	P4	9K	14K	P1	P2	P3	P4	9K	14K	P1	P2	P3	P4	9K	14K	P1	P2	P3	P4	9K	14K	
A	1																														1
B	3																														3
C	5																														5

图 2-17　广告登记

注意： 指导教师需要做好记录，根据学生投放广告的先后顺序依次选单，避免投放时无法判定选单顺序。

（3）订单选择。点击“封存广告单”，会自动跳转到“订单签约”界面，如图 2-18 所示。依次按照本地市场、区域市场、国内市场、亚洲市场、国际市场的顺序来进行选单。

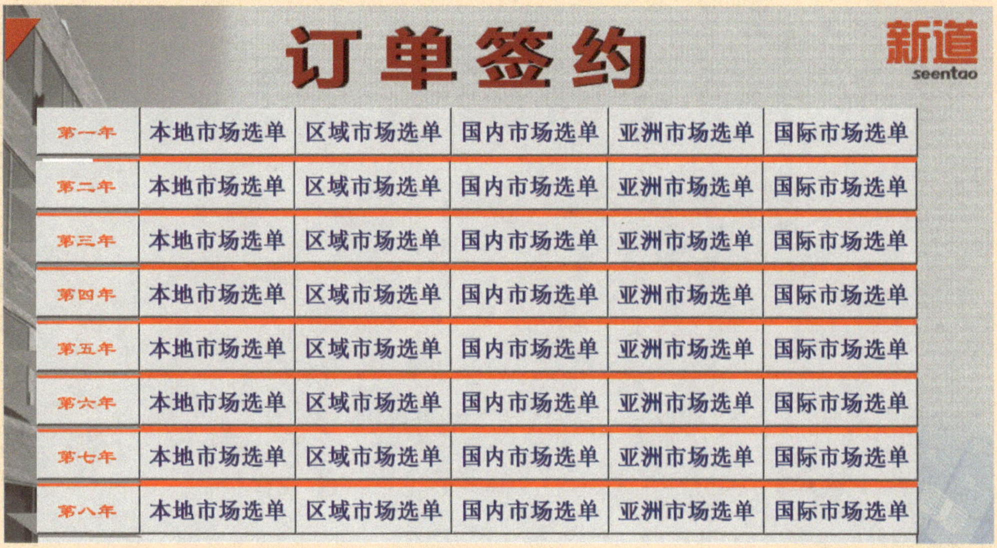

图 2-18　订单签约

在图 2-19 中，C 公司投放 5W，可以优先选单，B 公司其次，A 公司最后。选单规则为在 1W 的基础上每增加 2W 则增加 1 次选单机会，C 公司有 3 次选单机会。各公司选单完成之后，指导教师需要点击“取单”按钮，把订单发放给公司内的成员后，选单结束。

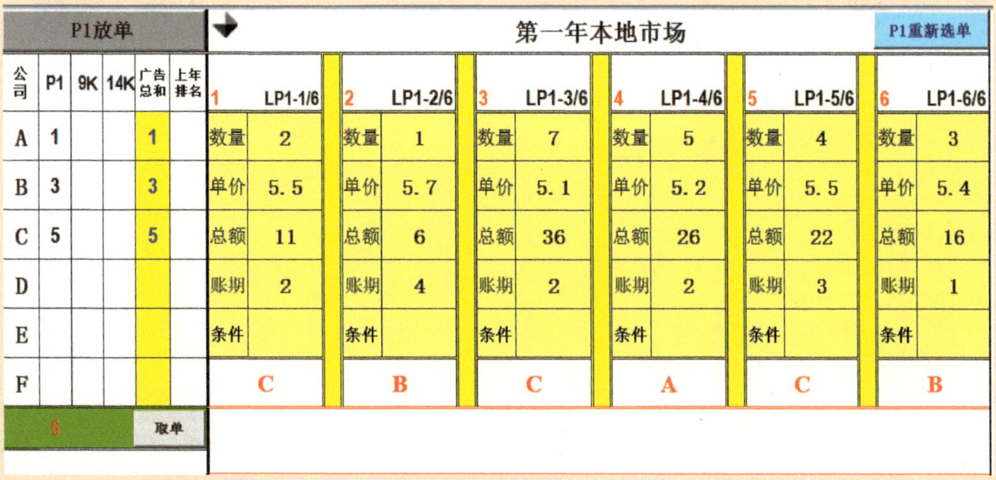

P1放单　　第一年本地市场　　P1重新选单

公司	P1	9K	14K	广告总和	上年排名
A	1			1	
B	3			3	
C	5			5	
D					
E					
F					
6					取单

	1 LP1-1/6	2 LP1-2/6	3 LP1-3/6	4 LP1-4/6	5 LP1-5/6	6 LP1-6/6
数量	2	1	7	5	4	3
单价	5.5	5.7	5.1	5.2	5.5	5.4
总额	11	6	36	26	22	16
账期	2	4	2	2	3	1
条件						
	C	B	C	A	C	B

图 2-19　选单

注意： 订单条件中加急的订单，第一季度必须交货；条件为空的订单，本年结束之前任意一季交单即可。

2. 查询平台

（1）订单查询。用以查询各组成员选择过的订单。“订单查询”界面，如图 2-20 所示。点击“查询 C 公司订单”，显出的界面如图 2-21 所示。

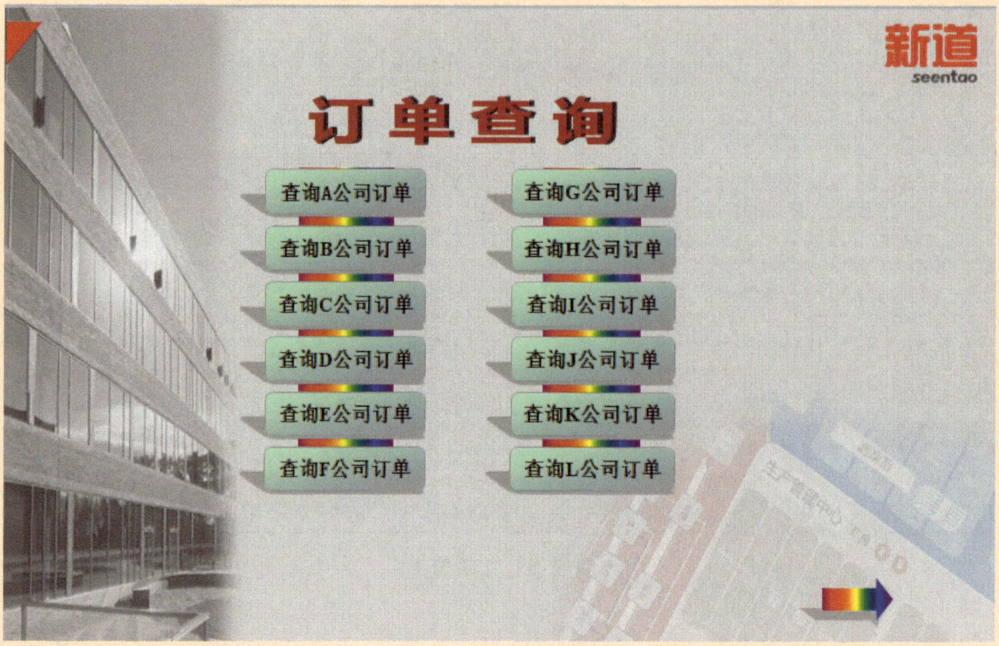

图 2-20 “订单查询”界面

序号	年份	市场	产品	数量	价格	收入	账期	条件	编号	完成
1	1	本地	P1	2	5.5	11	2		LP1-1/6	
2	1	本地	P1	7	5.1	36	2		LP1-3/6	
3	1	本地	P1	4	5.5	22	3		LP1-5/6	

C

图 2-21 C 公司订单

（2）交易查询。交易查询用以统计各公司每年出售出库的产品、广告额度和产品数量。“交易查询”界面，如图 2-22 所示。点击“第一年交易统计”，界面如图 2-23 所示。

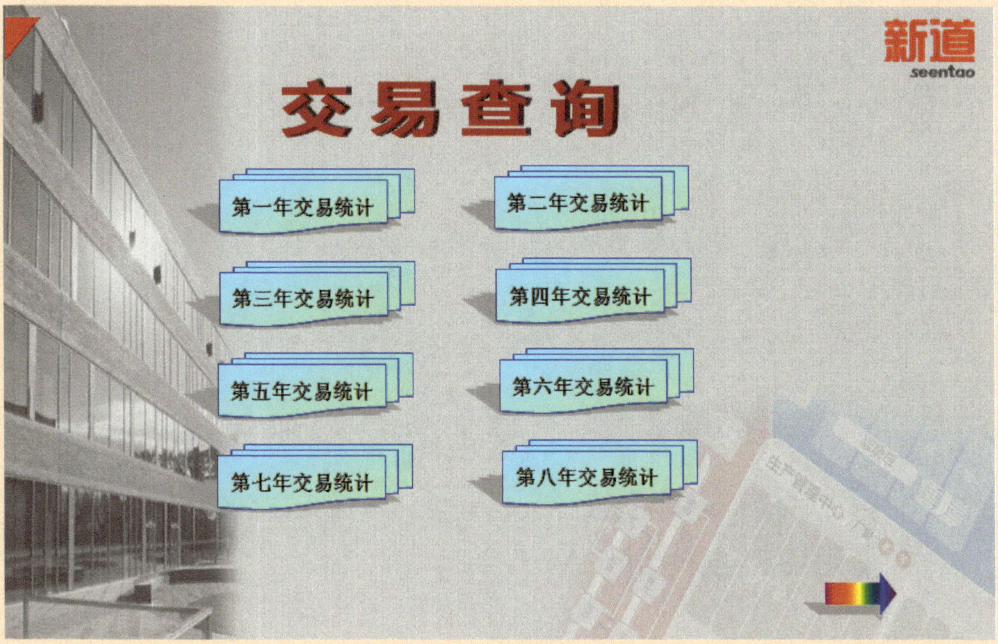

图 2-22　“交易查询”界面

第一年订单

公司	项目	本地						区域						国内						亚洲						国际					
		P1	P2	P3	P4	9K	14	P1	P2	P3	P4	9K	14	P1	P2	P3	P4	9K	14	P1	P2	P3	P4	9K	14	P1	P2	P3	P4	9K	14
A	广告额度	1																													
	销售额度	26																													
	产品数量	5																													
B	广告额度	1																													
	销售额度	22																													
	产品数量	4																													
C	广告额度																														
	销售额度	69																													
	产品数量	13																													

图 2-23　查询第一年订单

（3）报表查询。报表查询用以查询各公司每年的企业“三表”。“综合报表查询”页面，如图 2-24 所示。点击“第一年报表”，可显示第一年的经营数据，如图 2-25 所示。

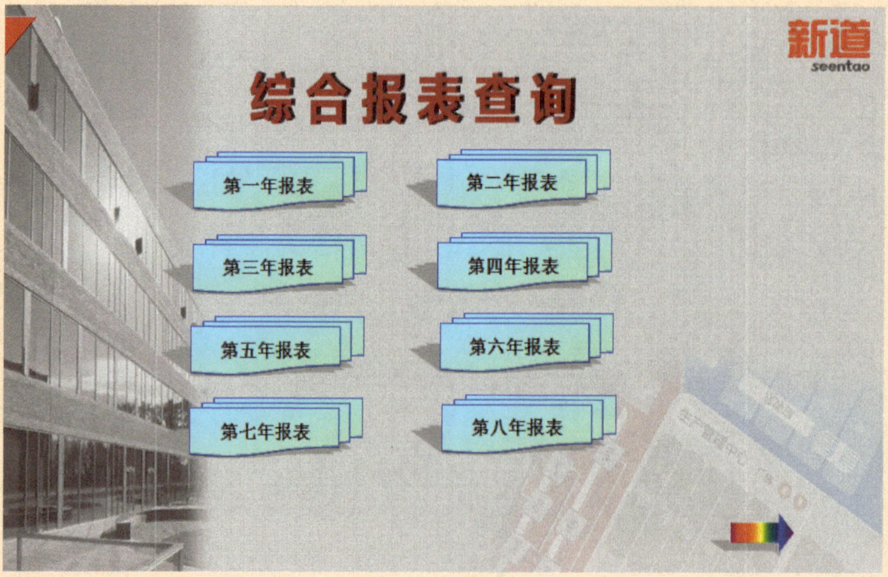

图 2-24　报表查询

组别	管理费	广告费	设备维护	厂房租金	转产费	市场开拓	ISO认证	产品研发	其他	总计	P1			P2			P3			P4		
											收入	数量	成本	收入	数量	成本	收入	数量	成本	收入	数量	成本
A		1	5			4	3	4		17												
B		1	5			4	3	5		18												
C																						
D																						
E																						
F																						

项目	本年					
	A	B	C	D	E	F
销售收入	31	30	69			
直接成本	12	12	26			
毛利	19	18	43			
综合费用	21	22				
折旧前利润	-2	-4	43			
折旧	5	5				
支付利息前利润	-7	-9	43			
财务收入/支出						
额外收入/支出						
税前利润	-7	-9	43			
税						
净利润	-7	-9	43			

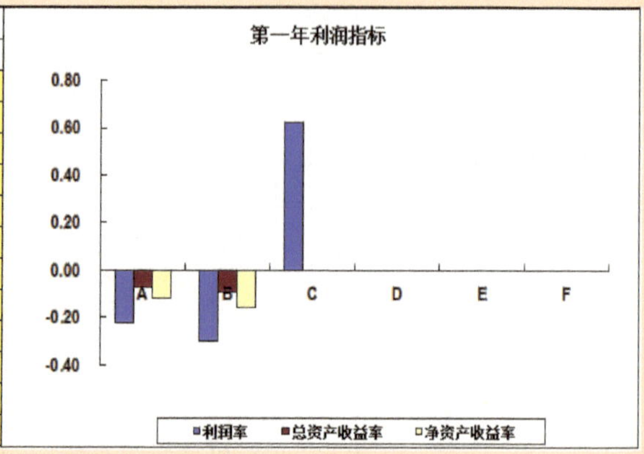

图 2-25　第一年的经营数据

3. 分析平台

分析平台用于展示经营成果，分析各年度各公司的经营情况，如图 2-26 所示。各公司第一年的销售分析和费用占比情况，分别如图 2-27 和图 2-28 所示。

年份/公司	起始年	1	2	3	4	5	6	7	8	总分
A	66	59	60							
	2	-7	1							
B	66	57	58							
	2	-9	1							
C	66									
	2									
D	66									
	2									
E	66									
	2									
F	66									
	2									
本地		C								查看排名

图 2-26　经营成果展示

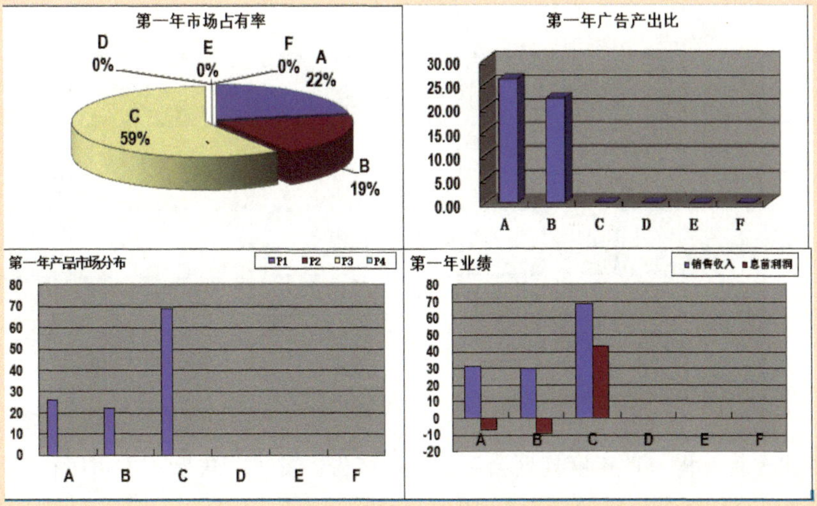

图 2-27　第一年销售分析

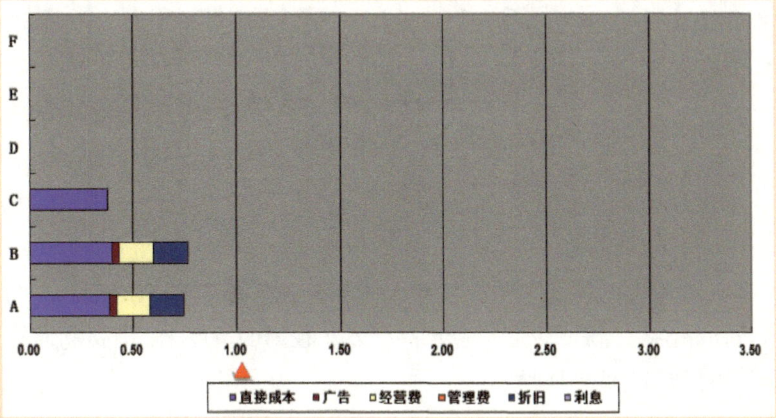

图 2-28　第一年费用占销售比例

2.5 新道新商战沙盘

新道新商战沙盘系统全真模拟企业的经营过程，集选单、多市场同选、竞拍、公司间交易等多种市场方式于一体，自由设置市场订单和经营规则，配置单独的订单工具和规则工具，只要将生成的文件置于任意目录下并导入即可，对企业的经营活动全程监控，具有完整的经营数据分析，财务报表自动核对，经营数据 Excel 格式导出，使教学管理更轻松。与企业经营管理沙盘（新创业者、新商战物理沙盘）兼容，指导教师可以自行设置教学班编码规则，以区分不同班级，同时，可以对教学班的数据进行随时备份与恢复，数据可以保留并可随时调用。

2.5.1 全年运营流程说明

1. 年度运营总流程

电子沙盘模拟运营企业经营 6 个年度，每个年度分设 4 个季度运行，全年总体运营流程如图 2-29 所示。

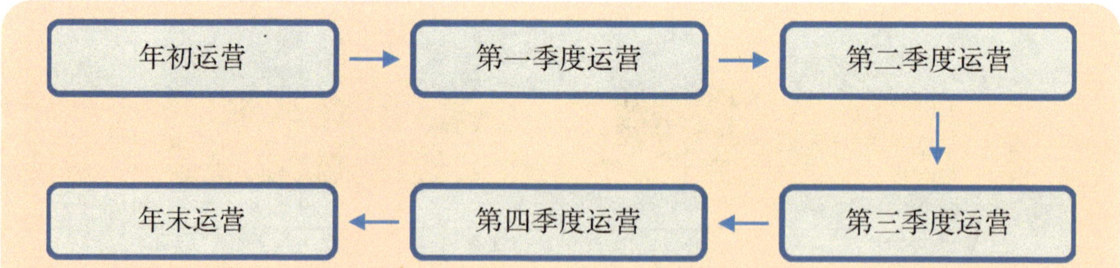

图 2-29　全年总体运营流程

2. 年初运营流程

年初企业运营过程包括年度规划会议、投放广告、支付广告费、支付所得税、参加订货会、长期贷款，具体运营流程如图 2-30 所示。

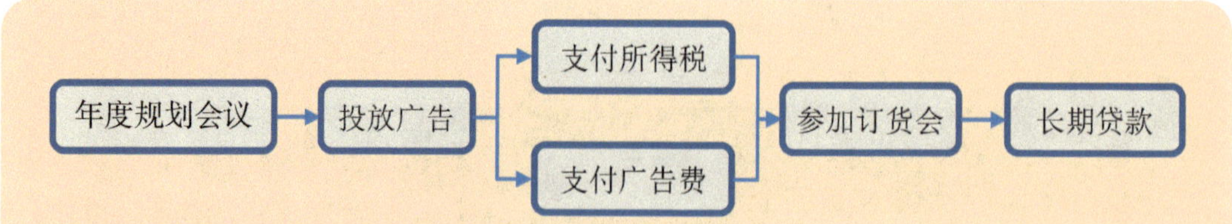

图 2-30　年初运营流程

3. 每季度内运营流程

每季度内运营流程主要根据需要进行资金的筹集，根据订单订购原材料、调整厂房、生产线数量、进行商品生产、完成交货、新产品研发，在第四季度末，还要进行市场开拓、ISO 投资等操作，具体流程如图 2-31 所示。

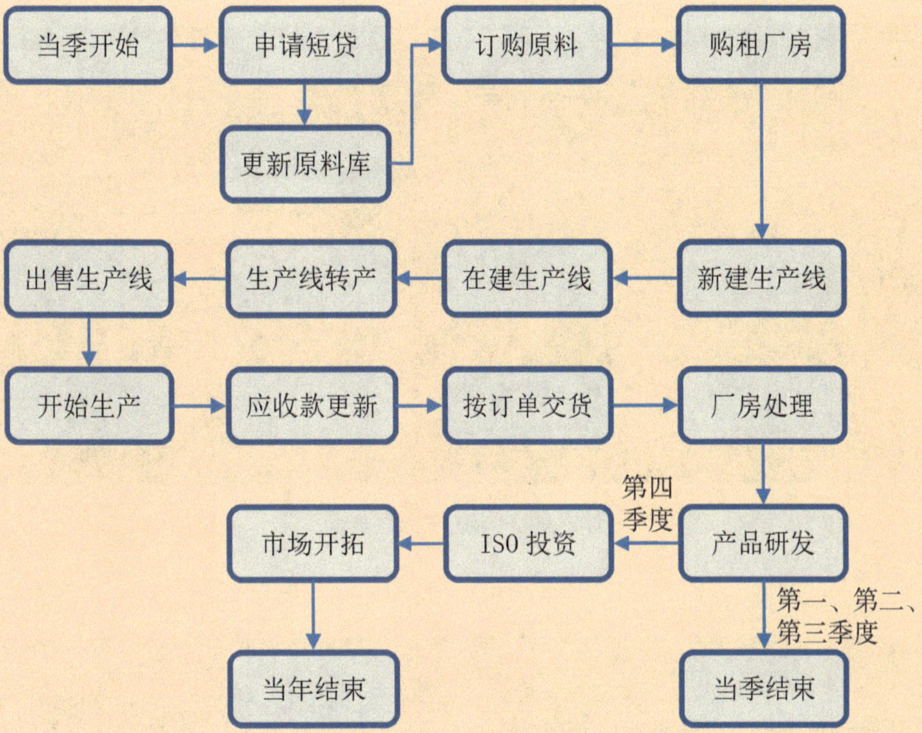

图 2-31　每季度内运营流程

4. 年末操作流程

年末运营操作主要包含填写报表和投放广告，具体流程如图 2-32 所示。

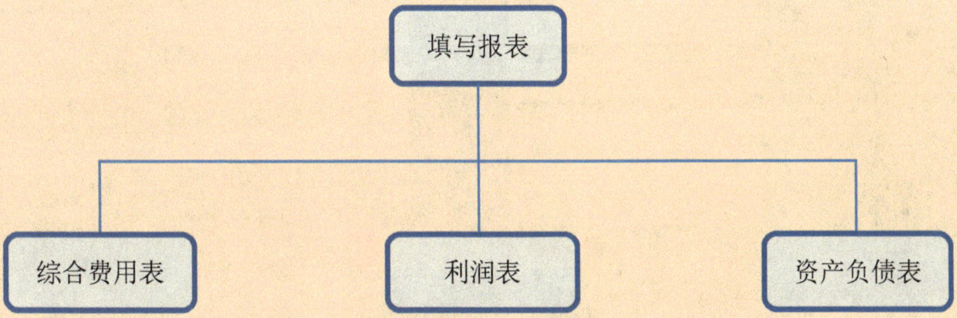

图 2-32　年末操作流程

2.5.2　初始化操作

登录前需要安装谷歌浏览器，在地址栏中输入服务器 IP 地址和端口号后进入系统，登录账号由管理教师统一分配，初始密码为 1，进入系统需要修改密码，填写公司名称、团队信息、所属学校和公司宣言等信息，“用户登录”界面和“用户注册”界面分别如图 2-33 和图 2-34 所示。

图 2-33 “用户登录”界面

图 2-34 “用户注册”界面

1. 系统管理员端（见图 2-35）

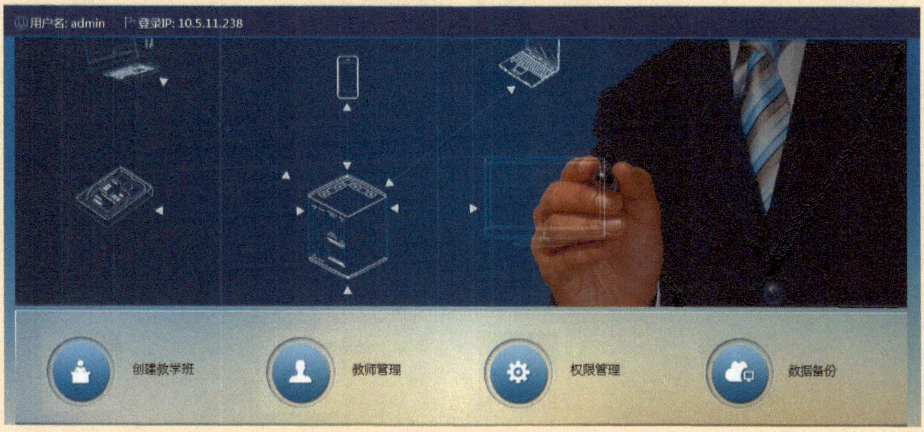

图 2-35　系统管理员端

（1）创建教学班。学校可以根据不同教学需求，建立不同的教学班。

（2）教师管理。可增加并修改授课教师信息。

（3）权限管理。可对已经添加的教师授予相应教学班的授课权限，一个教师可以对应多个教学班，一个教学班也可以对应多个教师。

（4）数据备份。可设置备份参数并随时进行备份及数据恢复。

2. 教师管理端

教师登录后，先确定本教学班的班级人数和团队数量，并制定团队编号规则，然后对教学规则、教学订单进行选择并初始化。教师管理端界面，如图 2-36 所示。

图 2-36　教师管理端

（1）初始化系统参数。设置系统参数，可以根据需要修改经营参数，也可以使用系统默认值。“教学班初始化”界面及各参数设置，分别如图 2-37 和图 2-38 所示。

图 2-37 “教学班初始化”界面

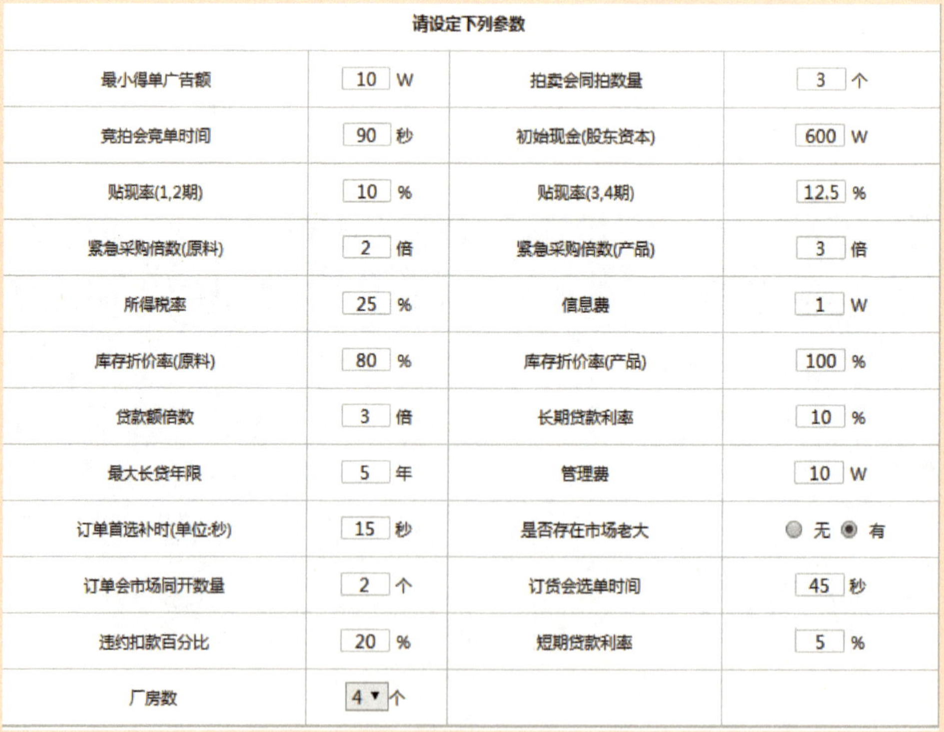

请设定下列参数			
最小得单广告额	10 W	拍卖会同拍数量	3 个
竞拍会竞单时间	90 秒	初始现金(股东资本)	600 W
贴现率(1,2期)	10 %	贴现率(3,4期)	12.5 %
紧急采购倍数(原料)	2 倍	紧急采购倍数(产品)	3 倍
所得税率	25 %	信息费	1 W
库存折价率(原料)	80 %	库存折价率(产品)	100 %
贷款额倍数	3 倍	长期贷款利率	10 %
最大长贷年限	5 年	管理费	10 W
订单首选补时(单位:秒)	15 秒	是否存在市场老大	○ 无 ◉ 有
订单会市场同开数量	2 个	订货会选单时间	45 秒
违约扣款百分比	20 %	短期贷款利率	5 %
厂房数	4 ▾ 个		

图 2-38 参数设置

注意：

（1）在经营过程中，除“初始现金（股东资本）”以外的参数都可以进行修改。

（2）初始化参数设置只有教师端才有权限进行修改。

（2）选单管理。各小组投放完广告后，才可以开始订货会。在该过程中，可以重选，也可以查看选单进程。若有小组未投放完广告，则选单无法开始，指导教师需要修改未投放广告小组的经营状态，将其“正在经营”状态修改为“破产”。选单可以进行重选和暂停处理。“选单管理”界面如图 2-39 所示。

选单管理

第2年订货会管理			
合计回合数	10	剩余回合数	8
本年合计订单数	186	本年剩余订单数	186
重新选单 计时暂停			

本地			
产品	P1	当前回合	1
总回合数	5	剩余回合数	4
当前选单用户	yui01	剩余选单时间	59

区域			
产品	P1	当前回合	1
总回合数	5	剩余回合数	4
当前选单用户	yui01	剩余选单时间	59

取消

图 2-39　“选单管理”界面

组织学生选择订单，学生在全部投放广告后开始参与选单环节。各小组按照前述规则排定的顺序依次选单，但每次只能选一张订单。当所有小组都选完一轮后，若仍有订单，有二次选单机会的小组进行第二轮选单，依此类推，直到所有订单被选完或所有小组退出选单为止。

注意：

（1）本年订货会结束至下一年订货会开始的这段时间可以进行还原操作。

（2）第一年进行了还原操作的小组需要重新注册。

（3）选单（竞单）时不要进行还原操作，否则会造成系统错误。

（3）竞单管理。对竞单的年份及数量进行管理。

（4）组间交易。教师对不同参训组之间的交易进行记录。“组间交易”界面如图 2-40 所示。

图 2-40 “组间交易”界面

注意：

（1）组间交易只支持现金交易，不支持原材料交易。

（2）管理员需要判定交易双方是否在同一年度内，当年不可点击结束，否则不可进行组间交易。

（3）出货方视同销售，计入销售收入；进货方视同紧急采购。

（5）排行榜单。教师可以选择每年的运行结果进行排序并公布结果。

（6）公共信息。教师可以查询所有参训队伍的报表并公布信息。

（7）订单详情。教师可以查询所有参训队伍每年所争取的订单情况。

（8）系统参数。教师可以查询系统设置的教学规则及相应参数。

（9）教学班备份。教师可以对本教学班的数据随时进行备份。

（10）查询每组经营数据。教师可以选择用户信息并查询各组的经营信息，包括各公司的运营时间、公司资料、库存采购信息、研发认证信息、财务信息、厂房信息和生产信息等。

3. 学生端操作

此板块主要是学生的操作板块，包含操作流程中的多个操作功能。

（1）投放广告。点击系统中的“投放广告”按钮，显示“投放广告”界面，如图 2-41 所示。

图 2-41 “投放广告”界面

注意：

（1）市场开拓后方可投放广告，未开拓的市场不能投放广告。

（2）ISO 投资单独计算，不计入广告费用中。

（3）产品资格未开发，也可以在该产品市场投放广告。

（4）未开拓的市场显示橘色，不可投放广告。

（5）确认投放后，广告金额不可更改。

（6）确认投放后，长贷本息合计和税金会自动扣除（长贷本息合计根据系统内利率计息）。

（7）新商战沙盘一共 25 个回合；新创业者沙盘没有 P5 产品，所以为 20 个回合。

投放 10W，视为有 1 次选单机会，指导教师可以在系统参数中修改最小广告投放额。此后每增加 20W，则增加 1 次选单机会。例如，投放 30W，可以选单 2 次，但是实际选单次数由市场需求量和竞争大小决定（新创业者最小广告投放额为 1W）。

如果最小广告额为 10W，10W 以下可以投放，但无选单机会，广告费仍然扣除，对计算市场的总广告额有效。广告费假设以 10W 为基准，可以投放 11W、12W……广告多者优先选单。

（2）获取订单。获取订单分为选单和竞单两个过程。

①选单。选单包括以下几个方面。

选单顺序：系统自动根据上一年的销售情况进行选单。销售第一名且无违约（市场老大）者可以优先选单；若有小组销售并列第一，则市场老大由系统自动决定。如果不存在市场老大，则按照本回合广告投放额的大小依次选单；如果本回合广告额相同，则看本市场的广告总额排名；如果本市场广告总额也相同，则看上一年市场销售排名；如仍无法决定，则先投放者先选单，第一年无订单。

选单轮次：每回合选单有若干轮，每轮选单中按照排定的顺序依次进行，但只能选择一张订单。当所有小组选择完一轮订单后，若还有订单，则有两次选单机会的小组可以再依次选择第二轮订单，直到选单结束。

选单时间：选单时间以倒计时的方式进行，在规定的时间内选择完订单，每次选单的时间为系统参数内设置的选单时间，可以进行选择订单与放弃订单操作。如果不进行选单，系统自动视为放弃本轮选单。

放弃选单：放弃某市场的第一轮选单，视同放弃本回合所有的选单机会，但不影响未放弃的回合。

市场同开数量：系统支持多个市场进行选单，初始为 2 个市场同时开始选单。选单时需要同时关注 2 个市场的选单进程，2 个市场同时选单，其中一个市场选单结束，则第三个市场会立即开始选单。设置 2 个市场开始选单时，则一直有 2 个市场同时开始选单，直到所有市场选单结束。市场包含本地市场、区域市场、国内市场、亚洲和国际市场，如果设置 2 个市场选单，本地市场与区域市场会同时开始，假设本地先选完所有订单（P1、P2、P3、P4、P5 依次进行选单），国内市场会立刻进行选单，选单时各小组需要单击相应的市场按钮进行选单。“参加订货会”界面，如图 2-42 所示。

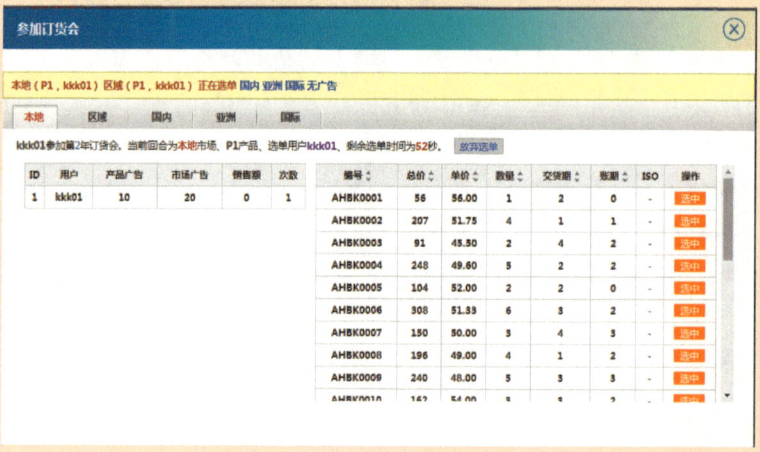

图 2-42　“参加订货会”界面

注意：

（1）一个市场选单结束后，系统不会跳转到下一个正在选单的市场，需要随时关注选单进程。

（2）系统会自动判定 ISO 资格，如果没有 ISO 资格，则无法选中带有 ISO 认证的订单。

（3）选单时系统会自动根据订单要素（总价、单价、交货期、账期、ISO）进行排序，辅助选单。

②竞单。竞单又称竞拍或竞标，在“竞单管理”界面选择“竞单会年份”后，点击“开始竞单”，如图 2-43 和图 2-44 所示。

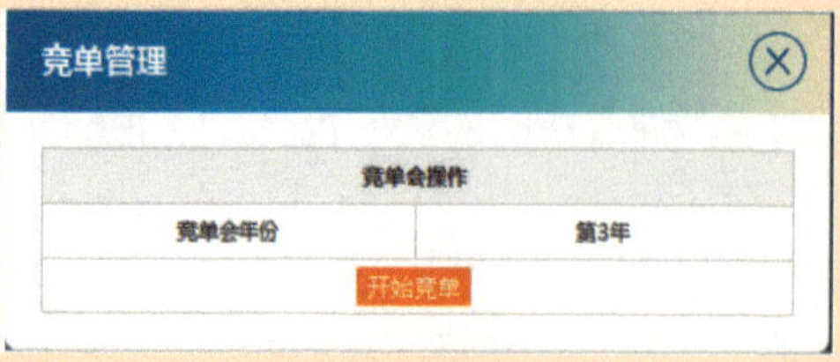

图 2-43　“竞单管理”界面

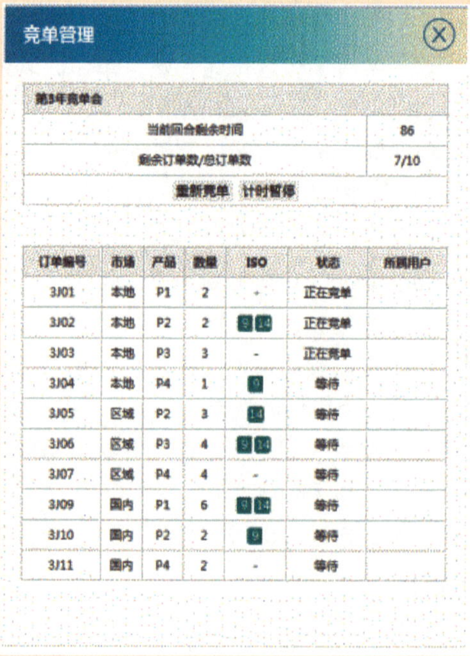

图 2-44　开始竞单

（3）申请长贷。自第一年开始，在每年订货会结束后直接进行该操作。每年只能操作一次，但可以申请不同年份的若干笔长贷。“申请长贷”界面，如图 2-45 所示。

图 2-45　申请长贷

注意：

（1）此操作必须在“当季开始”之前进行。

（2）不可超出最大贷款额度，即长短贷总额（已贷 + 将贷）不可超过上年权益规定的倍数（参数默认为 3 倍）。

（3）可选择贷款年限，但不可超过最大长贷年限（参数），确认后不可更改。

（4）贷款额为不小于 10 的整数。

（5）计算利息时，所有长贷之和先乘利率，然后四舍五入。

（4）各季度任务开始与结束。每季经营开始及结束需要确认——当季开始、当季（年）结束（第四季度显示为当年结束），如图 2-46 所示。

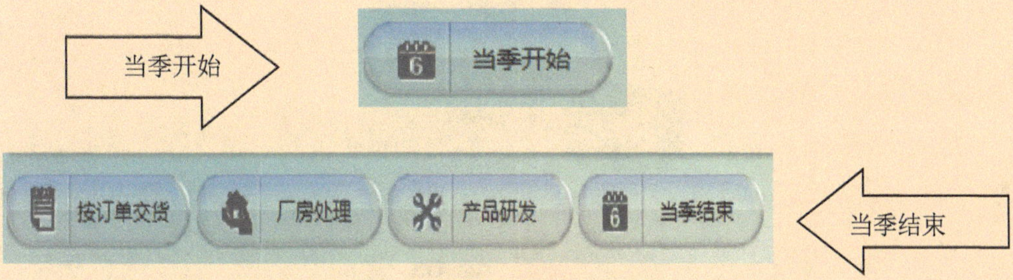

图 2-46　各季度任务开始与结束

注意：

（1）破产后无法继续经营，自动退出系统，可联系指导教师修改状态。

（2）现金不足时应进行紧急融资（出售库存、贴现、厂房贴现）。

（3）更新原料库和更新应收款为每季必须进行操作的流程，操作完这两项，前面所有的操作权限关闭，后面的操作权限打开。

（4）在对经营难度无影响的前提下，操作顺序并无严格要求，建议按流程走。

（5）当季开始。选单结束后或申请长贷后可以操作该步骤。“当季开始”界面，如图 2-47 所示。

图 2-47　“当季开始”界面

注意：

（1）开始新一季经营时必须选择“当季开始”。

（2）系统自动扣除短贷本息，自动更新短期贷款。

（3）系统自动完成生产状态更新、产成品完工入库、生产线建设完工及转产完工操作。

（6）当季结束。一季度经营完成，需要进行“当季结束”操作。“当季结束”界面，如图 2-48 所示。

图 2-48　“当季结束”界面

注意：

（1）系统自动扣除管理费和续租租金，并且检测产品开发完成情况。

（2）管理费为每年 40W（每季度固定为 10W，可以在系统参数中进行修改）。

（7）申请短贷。“申请短贷”操作每个季度只能操作一次，其界面如图 2-49 所示。

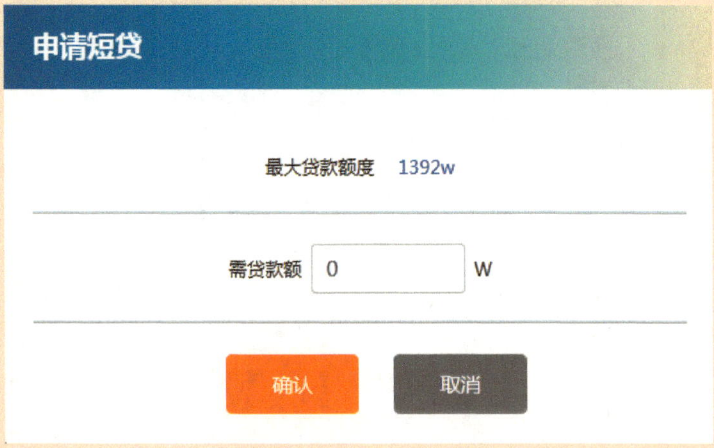

图 2-49　“申请短贷”界面

注意：

（1）一季只能操作一次。

（2）申请额为不小于 10 的整数。

（3）不可超出最大贷款额度，即长短贷总额（已贷 + 将贷）不可超过上年权益规定的倍数（参数默认为 3 倍，可以在系统初始化参数内修改）。

（8）更新原料库。企业经营沙盘运营中，原材料一般分为 R1、R2、R3、R4 和 R5 五种，它们的采购价由系统设定，一般每个原材料价格均为 10W。其中，R1 和 R2 原材料是在订购 1 个季度后支付，R3、R4 和 R5 原材料是在订购 2 个季度后支付。

假定每种原材料的采购价均为每个 10W，若某企业在第一季度订购了 R1、R2、R3 和 R4 各 1 个，第二季度订购了 R1、R2、R3 和 R4 各 2 个。第二季度更新原料操作时，需要支付的材料采购款为 20W（第一季度订购的 R1 和 R2 原材料款）；第三季度更新原料操作时，需要支付的材料采购款为 60W（第一季度订购的 R3、R4 原材料款和第二季度订购的 R1、R2 原材料款）。该过程如图 2-50 所示。

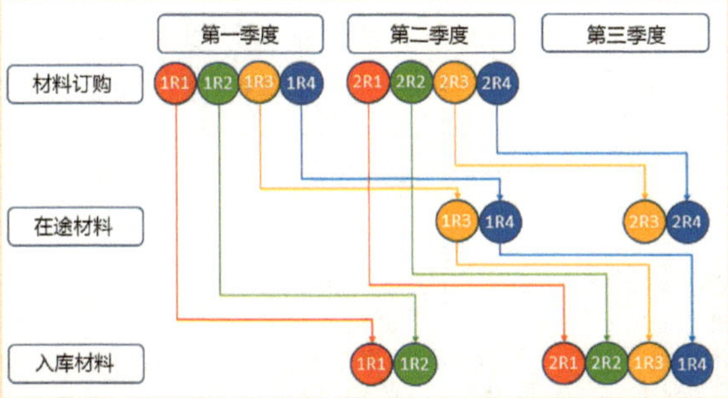

图 2-50　原材料采购与付款过程

（9）订购原料。输入所有需要的原材料数量，然后点击“确认”，如图 2-51 所示。

图 2-51　“订购原料”界面

注意：

（1）一季只能操作一次。

（2）确认订购后不可退订。

（3）可以不下订单。

（10）购租厂房。厂房可买可租，在“购租厂房”界面，选择“订购方式”，如图 2-52 所示。假设可以使用 4 间厂房，可以任意组合，如“租 3 买 1”或“租 1 买 3”，不限类型。

图 2-52　“购租厂房”界面

注意：

（1）每家企业使用的厂房数量为参数，可以为 1、2、3、4（最大数量为 4）。

（2）生产线不可在不同厂房之间移动。

（11）新建生产线。在“新建生产线”界面，需要选择厂房、生产线类型和生产产品类型，如图 2-53 所示。

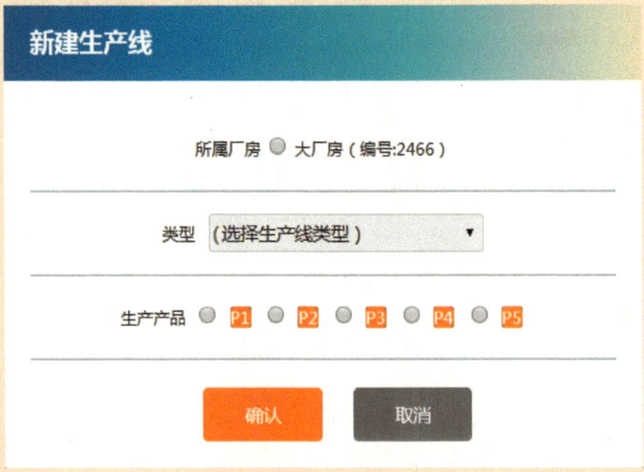

图 2-53　“新建生产线”界面

注意：

（1）一季可操作多次，直到达到厂房容量。

（2）生产线在建过程中，不要求企业有生产该产品的资质，生产产品时才要求企业有生产该产品的资质。

（3）安装周期为 0 的生产线，表示即买即用。

（12）在建生产线。系统自动列出投资未完成的生产线，企业复选需要继续投资的生产线，不选视为本季度中断投资。“在建生产线”界面，如图 2-54 所示。

在建生产线

选择项	编号	厂房	类型	产品	累积投资	开建时间	剩余时间
☐	1414	大厂房(1389)	自动线	P1	50W	第1年1季	2季
☐	1420	大厂房(1389)	自动线	P2	50W	第1年1季	2季

图 2-54　“在建生产线”界面

注意：

（1）一季只可操作一次。

（2）一条生产线最后一期投资后，不可立即使用，需要等待一季才允许使用。

（13）生产线转产、继续转产。在生产线上直接点击要转产的生产线（建成且没有在产品的生产线）；单选一条生产线，并选择要转产生产的产品。“生产线转产”界面，如图 2-55 所示。

图 2-55　“生产线转产”界面

注意：

（1）转产生产线可多次操作。

（2）转产周期为 0 的生产线若要转产，必须进行转产操作，但不需要停产及交付转产费。

（3）若转产周期为 2 期（含）以上，则需要继续转产，操作和在建生产线类似。

（14）出售生产线。在生产线上直接点击要出售的生产线（只能出售建成后没有在制品的空置生产线，转产中的生产线不可出售）；出售后，从净值中按残值收回现金，净值高于残值的部分作为当年费用的“损失”项目，计入综合费用表“其他”项目。“出售生产线”界面，如图 2-56 所示。

图 2-56　“出售生产线”界面

（15）开始生产。生产状态更新和成品完工入库后，闲置的生产线可以开始生产新产品。系统自动检测原材料、生产资格和加工费。在生产线上直接点击“开始生产”，系统自动扣除原材料及加工费。“开始下一批生产”界面，如图 2-57 所示。

图 2-57　“开始下一批生产”界面

注意：

（1）开始生产之前要确认原材料、现金和生产资格三个条件是否满足。

（2）一条生产线一次只允许生产一种产品。

（16）应收款更新。点击系统自动完成更新；此步操作后，前面的各项操作权限关闭（不能返回以前的操作任务），并开启以后的操作任务——按订单交货、产品开发、厂房处理权限等。“应收款更新”界面，如图 2-58 所示。

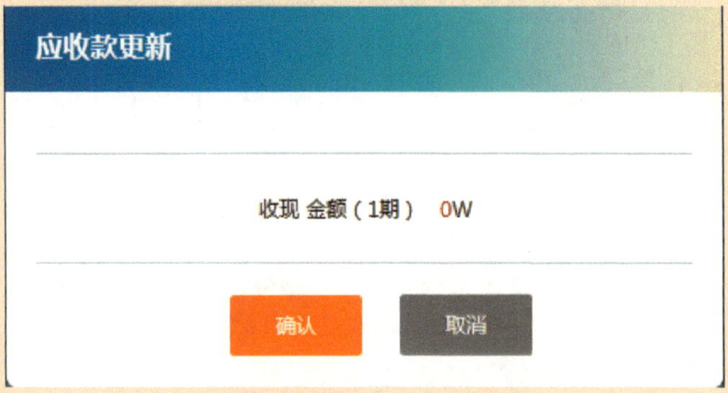

图 2-58　“应收款更新”界面

（17）按订单交货。系统自动列出当年未交且未过交货期的订单，自动检测成品库存是否足够、交货期是否过期。按“确认交货”按钮，系统自动增加应收款或现金。“交货订单”界面，如图 2-59 所示。

交货订单

订单编号	市场	产品	数量	总价	得单年份	交货期	账期	ISO	操作
S211_01	本地	P1	4	208W	第2年	4季	1季	-	确认交货
S211_03	本地	P1	4	208W	第2年	4季	3季	-	确认交货
S211_04	本地	P1	2	96W	第2年	4季	2季	-	确认交货
S211_05	本地	P1	1	53W	第2年	4季	3季	-	确认交货
S211_06	本地	P1	4	201W	第2年	4季	1季	-	确认交货
S211_07	本地	P1	4	179W	第2年	4季	0季	-	确认交货
S211_10	本地	P1	2	96W	第2年	4季	2季	-	确认交货

图 2-59　“交货订单”界面

如图 2-59 所示，订单有数量、总价、交货期、账期和 ISO 资格几个要素。

数量：要求各企业一次性按照规定数量交货，不得多交，不得少交，也不得拆分交。

总价：交货后，企业将获得相应的应收款或现金，计入利润表的“销售收入”项目。

交货期：必须当年交货，不得拖到第二年；可以提前交货，不可推后。比如，规定第三季度交货，可以第一、第二或第三任意季度交货，不可第四季度交货，违约则收回订单。

账期：在实际交货后过若干季度收到现金。比如，账期为 2Q，实际在第三季度完成交货，则将在下一年第一季度更新应收款时收到现金。

ISO 资格：ISO 资格分为 ISO 9000 与 ISO 14000 两种，企业需要满足相应的 ISO 资格，才可以选择带有 ISO 资格的订单。

（18）产品研发。同时选定要开发的所有产品，按“确认”按钮后将退出“产品研发”界面，如图 2-60 所示。

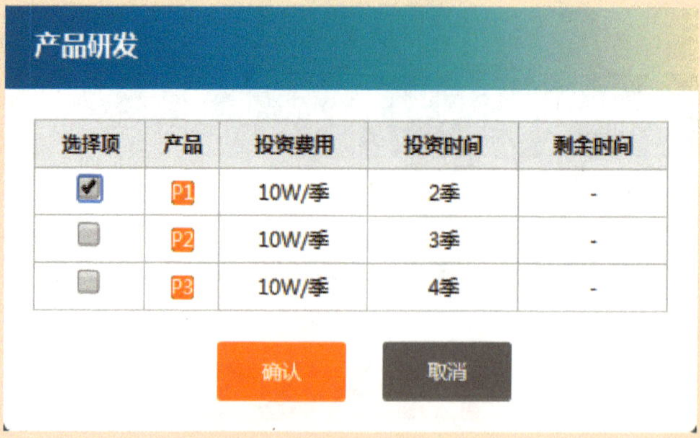

图 2-60　“产品研发”界面

注意：

（1）一季只允许操作一次。

（2）退出后，本季度不能再进行该操作。

（19）厂房处理。本操作适用于已经在使用的厂房，若要新置厂房，需要进行“购租厂房”操作。

如果有厂房但厂房中无生产线，可卖出厂房，增加 4Q 应收款，并删除该厂房；如果拥有厂房且厂房中有生产线，卖出后增加 4Q 应收款，自动转为租用，并扣除当年租金。

租入厂房如果离上次付租金满一年（如上年第二季度起租，到下一年第二季度视为满年），可以转为购买（租转买），并立即扣除现金；如果无生产线，可退租并删除厂房。租入厂房离上次付租金满一年，如果不执行该操作，视为续租，并在当季结束时自动扣除下一年的租金。“厂房处理”界面，如图 2-61 所示。

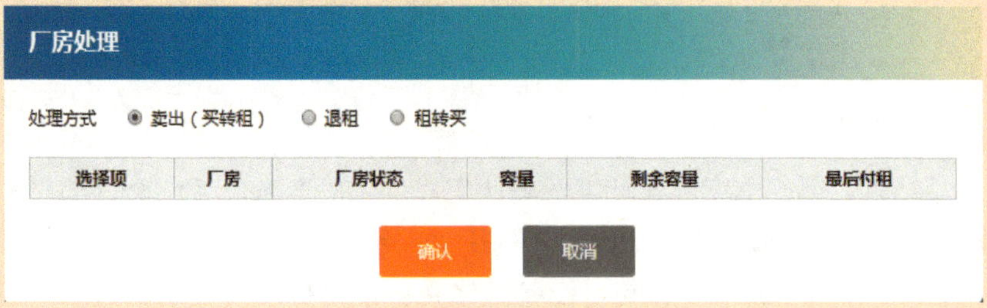

图 2-61　“厂房处理”界面

（20）市场开拓。企业复选所要开发的市场，然后按“确认”按钮。第四季度结束（即当年结束），系统自动检测市场开拓是否完成。“市场开拓”界面，如图 2-62 所示。

图 2-62　“市场开拓”界面

注意：

（1）只有第四季度可操作一次。

（2）如果第一年第四季度忘记该操作或不操作市场开拓，则第二年无法投放广告选单。

（21）ISO 投资。企业复选所要投资的资格，然后按“确认”按钮。第四季度结束（即当年结束），系统自动检测 ISO 资格是否完成。“ISO 投资”界面，如图 2-63 所示。

图 2-63 “ISO 投资”界面

注意：只有第四季度可操作一次。

（22）当年结束。第四季度经营结束，确认完成一年的经营。系统会自动完成以下任务：支付第四季度的管理费；如果有租期满一年的厂房，续付租金；检测产品开发完成情况；检测市场开拓及 ISO 开拓完成情况；支付设备维修费；计提折旧；违约扣款。“当年结束”界面，如图 2-64 所示。

图 2-64 “当年结束”界面

系统会自动生成综合费用表、利润表和资产负债表。在客户端填写综合费用表、利润表和资产负债表，系统自动检测正确与否，不正确的系统会提示。可以不填写报表，但是需要提交，否则将影响后续经营。

（23）厂房贴现。可于任意时间进行该操作。如果无生产线，厂房原值售出后，售价按 4 季应收款全部贴现；如果有生产线，除按售价贴现外，还要再扣除租金。“厂房贴现”界面，如图 2-65 所示。

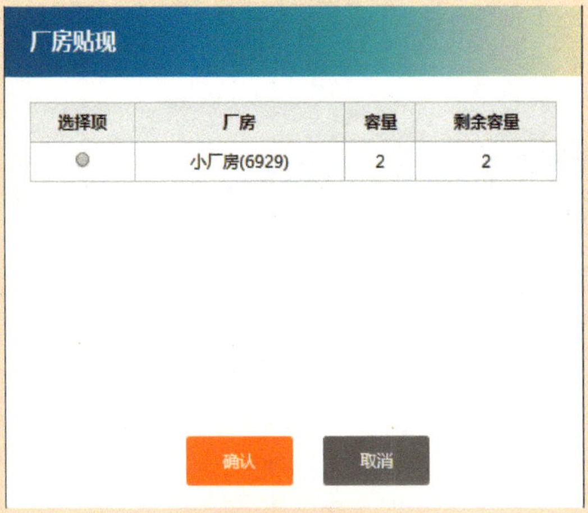

图 2-65　“厂房贴现”界面

注意： 系统自动全部贴现，不允许部分贴现。

（24）紧急采购。除了在竞单时不允许进行该操作外，其余时间可进行该操作。单选需要购买的原料或产品，填写购买数量后确认订购。原料和产品的价格列示在右侧栏中，默认原料直接成本为 2 倍（参数，可修改），成品均价是售价的 3 倍（参数，可修改）。购买的原料和产品均按照直接成本计算，高于直接成本的部分计入综合费用表中的“损失”项目，即时成交。“紧急采购”界面，如图 2-66 所示。

图 2-66　“紧急采购”界面

（25）出售库存。可在任意时间进行该操作。填写售出原料或产品数量，然后确认出售。原料、成品按照系统设置的折扣率收回现金（默认原料 8 折，成品为直接成本），售出后的损失部分计入费用中的“损失”项目；所得现金根据系统规则计算。“出售库存”界面，如图 2-67 所示。

图 2-67　“出售库存”界面

（26）贴现。第一、第二季度与第三、第四季分开贴现，但前（后）两个季度应收款加总贴现。申请贴现的额度不得超过应收款金额。可在任意时间进行该操作且不限次数。贴现额乘对应贴现率，即贴现费用（向上取整）。贴现费用计入财务费用，其他部分增加现金。“贴现”界面，如图 2-68 所示。

图 2-68　“贴现”界面

（27）间谍（商业情报收集）。除了在竞单时不允许进行该操作，其余时间都可进行该操作。花费 1W（可变参数）可查看一家企业的情况，包括资质、厂房、生产线、订单等，但不包括报表，同时可以免费获得自己企业的相关信息。所有的信息以 Excel 表格形式提供。“间谍”界面，如图 2-69 所示。

图 2-69　“间谍”界面

（28）订单信息。可在任意时间进行该操作，查看所有订单信息和状态。“订单信息”界面，如图 2-70 所示。

订单信息

订单编号	市场	产品	数量	总价	状态	得单年份	交货期	账期	ISO	交货时间
S211_06	本地	P1	4	201W	未到期	第2年	4季	1季	-	-
S211_07	本地	P1	4	179W	未到期	第2年	4季	0季	-	-
S211_03	本地	P1	4	208W	未到期	第2年	4季	3季	-	-
S211_05	本地	P1	1	53W	未到期	第2年	4季	3季	-	-
S211_01	本地	P1	4	208W	未到期	第2年	4季	1季	-	-
S211_04	本地	P1	2	96W	未到期	第2年	4季	2季	-	-
S211_10	本地	P1	2	96W	未到期	第2年	4季	2季	-	-

图 2-70　“订单信息”界面

（29）市场预测。可在任意时间查看市场预测。市场预测只能查看选单的预测，无法查看竞单的预测。“市场预测”界面，如图 2-71 所示。

（30）破产标准。企业经营破产，则比赛结束。

①当年经营结束时，如果权益为负数，则自动退出系统。如果还要继续经营，需要联系指导教师修改状态处理。

②广告投放完毕、当季开始、当季（年）结束、更新原料库等，系统会自动检测已有现金是否足够本次支出，如果不够，则自动退出系统。如果还要继续经营，需要联系指导教师修改状态处理。

市场预测

市场预测表——均价						
序号	年份	产品	本地	区域	国内	亚洲
1	第2年	P1	51.23	50.89	0	0
2	第2年	P2	70.53	71.37	0	0
3	第2年	P3	88.69	89.86	0	0
4	第3年	P1	50.52	50.94	51.22	0
5	第3年	P2	71.90	70.43	71.39	0
6	第3年	P3	89.62	91.56	90.78	0
7	第4年	P1	47.78	51.65	49.58	50.41
8	第4年	P2	72.40	70.90	70.50	70.74
9	第4年	P3	91.44	95.19	94.09	93.27
10	第5年	P1	51.81	50.22	52.21	52.33
11	第5年	P2	72.03	74.73	68.05	71.17
12	第5年	P3	88.59	91.94	90.56	89.96
13	第6年	P1	50.05	50.48	49.00	52.41
14	第6年	P2	70.29	69.38	69.38	69.75

图 2-71 “市场预测”界面

2.5.3 方案制作工具操作说明

1. 规则方案工具

（1）双击打开“规则方案制作工具”，打开登录页面后，点击“规则工具”，跳转到操作界面，如图 2-72 所示。

图 2-72 “新道新商战沙盘系统”操作界面

（2）点击“文件→新建方案”，编辑文件名称、方案名称、方案作者、方案备注等信息，如图 2-73 所示。

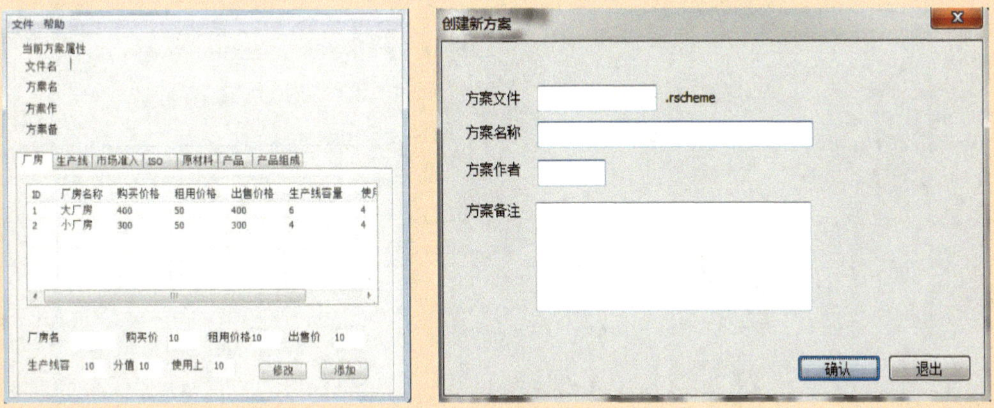

图 2-73　“创建新方案”界面

（3）选择厂房、生产线、市场准入、ISO、原材料、产品、产品组成等，进行规则编辑，如图 2-74 所示。

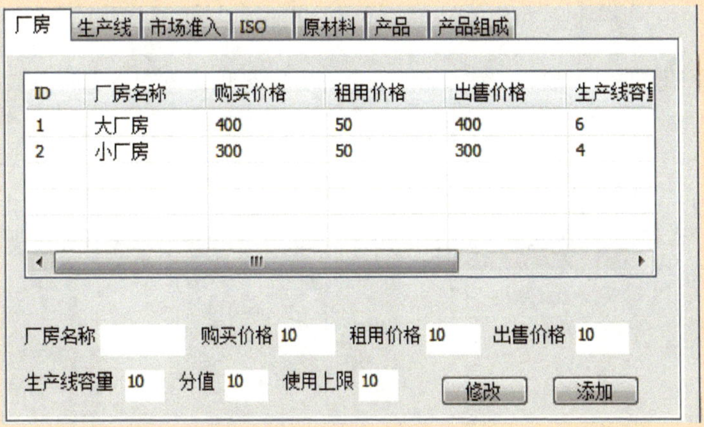

图 2-74　“规则编辑”界面

比如，对“厂房”进行规则编辑，选中一条厂房数据，该厂房信息显示在下方，可以修改各字段值，确认后点击“修改”，上方页签内即更新数据信息。若想再添加厂房种类，不用选中上面的厂房，点击空白处即可增加厂房，编辑下方各项信息，完成后点击添加，新数据建立，但厂房名称不可以重复。

修改完各页签后，点击对话框左上角“文件→保存”，弹出提示“保存成功”，在规则工具放置目录下生成了一个文件夹“规则方案”，即规则文件所在位置。其他页签修改 / 添加方法类似。

2. 订单方案工具

打开登录界面后，点击“规则工具”，跳转到操作界面，如图 2-75 所示。

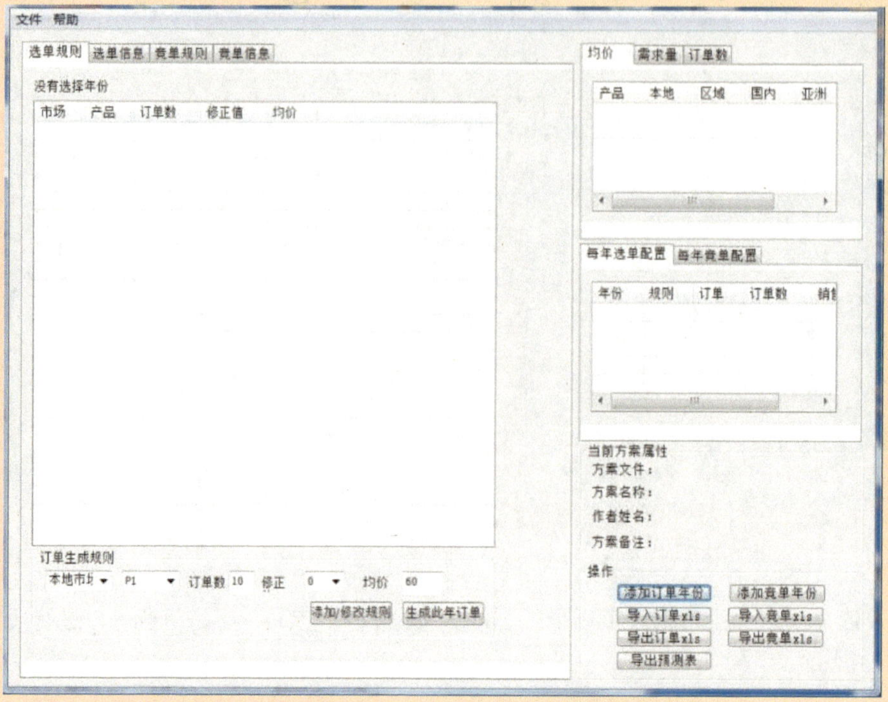

图 2-75　“规则工具”界面

点击左上角“文件→新建”，编辑文件名称、方案名称、方案作者、方案备注等信息。

（1）添加订单。点击右下角“添加订单年份”，弹出选择框，如图 2-76 所示。

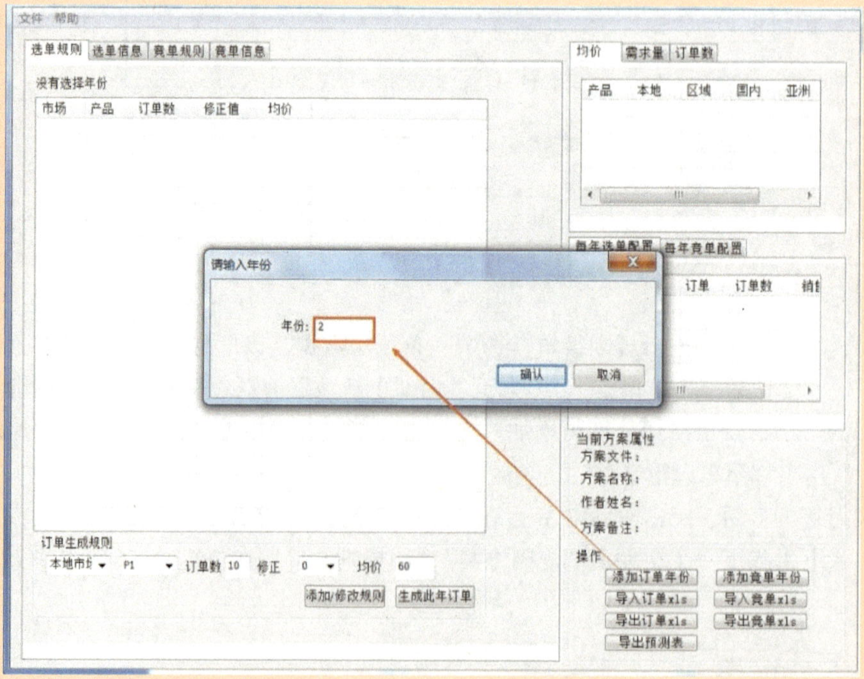

图 2-76　“添加订单年份”界面

确认后，右边“每年选单配置”增加了该年数据，选中该年。在左下角可以看到对于该年订单生成的规则字段，编辑信息，点击“添加 / 修改规则”，如图 2-77 所示，该年的选单规则就产生了。

图 2-77　“编辑选单规则”界面

依此建立订单规则，点击生成的订单规则，页面右边弹出对话框，可以对订单的数量、交货期等字段作出相应的权重选择，同类权重相加为 100，这样可避免订单不合理、废单等情况的出现。编辑后，可以在下方选择应用范围、本市场或本规则等。

当规则定义好后，点击左上角的“保存”，自动跳转到第二个页签显示订单详细信息。

（2）添加竞单。点击右下角的“添加竞单年份”，弹出年份选择框，如图 2-78 所示。

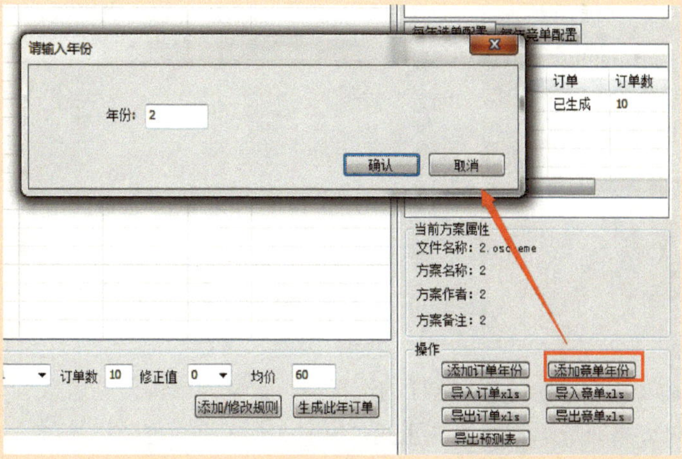

图 2-78　“添加竞单年份”界面

确认后，右边“每年竞单配置”增加了该年数据，选中该年，在左下角可以看到对于该年订单生成的规则字段，编辑信息，点击“添加 / 修改规则”，如图 2-79 所示，该年的竞单规则就生成了。

图 2-79　“编辑竞单规则”界面

依此建立订单规则，点击生成的订单规则，当规则定义好后，点击左下角的“生成此年竞单”，自动跳转到第四个页签，显示竞单信息，如图 2-80 所示。

图 2-80　“竞单信息”界面

在页面的右上角也可以看到根据这样的选择规则生成的市场预测信息。

当订单和竞单方案完成后，点击左上角“文件→保存”，也可以选择右下角“导出订单”和“导出预测表”等操作，如图 2-81 所示。

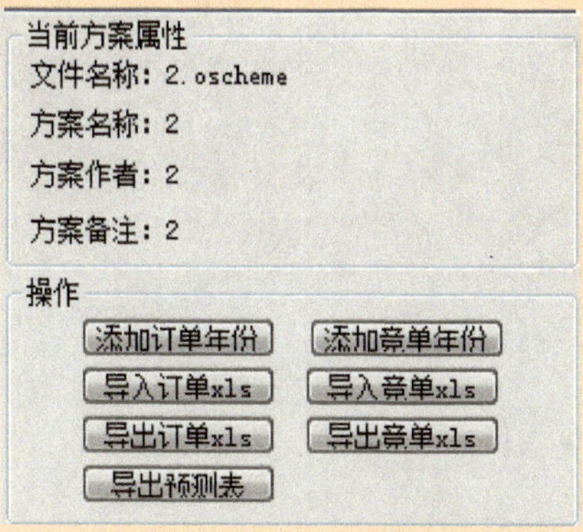

图 2-81　“当前方案属性”界面

第 3 章　沙盘教学提高篇

3.1　感性认知

3.1.1　企业的收益率

企业利用一定的经济资源，通过向社会提供产品和服务来获取相应的利润。所有的企业都会经历“资本→资产→收入→利润→增加股东权益”这样一个完整的资本循环周转过程，如图 3-1 所示。

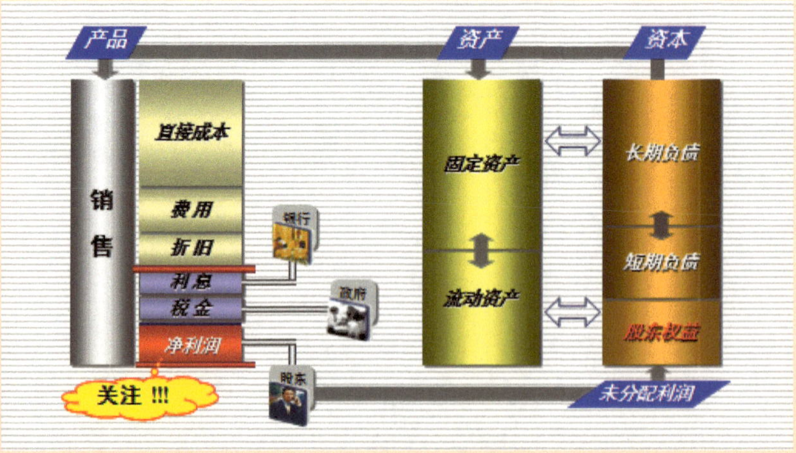

图 3-1　企业的资本循环周转

企业最关注的是利润，因利润不足导致经营不成功的企业，多数是因为它的管理团队不自觉地运用了“哥伦布式管理”方法，即“走的时候，不知道去哪里；到的时候，不知道在哪里；回来的时候，不知道去过哪里”。

下面让我们来进行企业认知，了解什么是收入、费用、成本、折旧、税金，了解哪个项目不会影响企业的现金流，了解如何增加销售、降低成本，以提高企业的收益率。

企业资本的构成有两种形式——负债和股东权益。负债分为长期负债和短期负债：长期负债是指企业向银行借入的长期贷款（偿还期在一年或一个营业周期以上的债务），短期负债是企业向银行借入的短期贷款（一般要求在一年以内偿还）。股东权益是指企业资产扣除负债后，由股东享有的剩余利益，包括股本，资本公积、盈余公积和未分配利润。

无论是“世界 500 强”的评选还是其他的企业排名，销售额及其增长率都是最为关键的指标。销售额及其增长率可以反映一家企业的生命周期，如连续 2 ～ 3 年销售额增长率超过 10%，就可被视为处于高速增长期。行业增长趋势与企业的市场份额决定着企业销售额的规模及其增长率。

3.1.2　企业的经营

企业经营的根本是盈利，让企业利润达到最大化的方式有两种——开源和节流。

1. 开源

通过开拓市场、增加产品和扩大产能来进行开源，如图 3-2 所示。

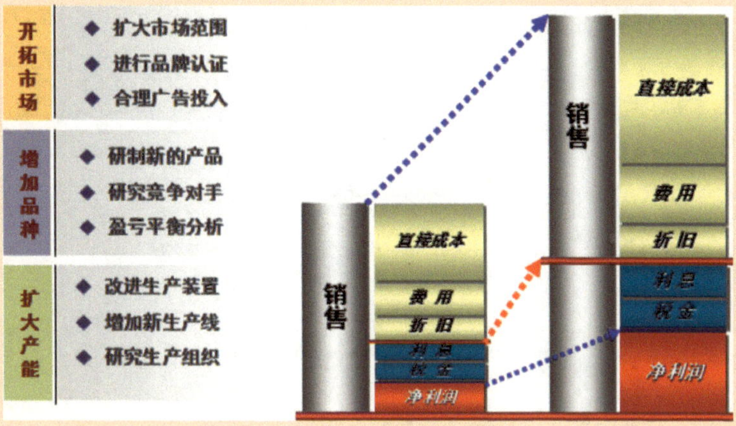

图 3-2　开源——努力扩大销售

2. 节流

企业通过控制成本和增加毛利来节流，如图 3-3 所示。

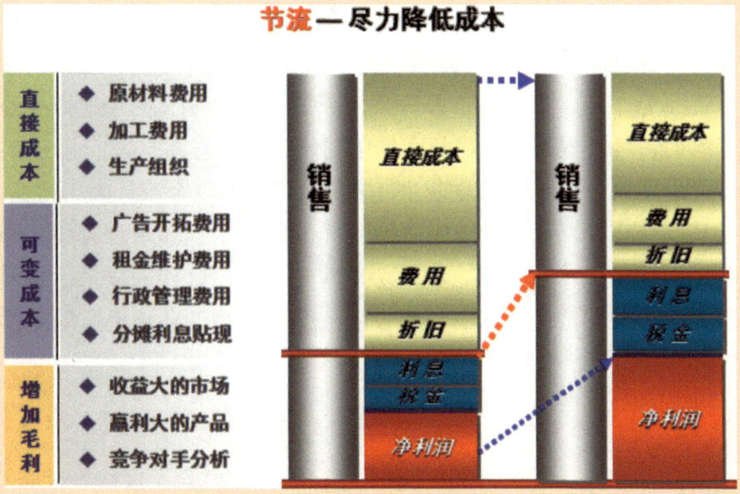

图 3-3　节流——尽力降低成本

企业经营的目标是股东权益最大化。企业的净利来自产品的销售，产品销售越多、成本越低，股东权益自然越高；相反，产品销售少、费用高，股东权益也会下降。

企业的利润总额 = 营业利润 + 营业外收入 − 营业外支出

企业的净利润 = 利润总额 − 所得税费用

3.1.3 产品定位

目标市场定位与产品定位有一定的区别。具体说来，目标市场定位（简称“市场定位”）是指企业对目标消费者或目标消费市场的选择，而产品定位是指企业生产什么样的产品来满足目标消费者或目标消费市场的需求。从理论上讲，应该先进行市场定位，然后再进行产品定位。产品定位是对目标市场的选择与企业产品结合的过程，是将市场定位企业化、产品化的工作。

通常情况下，企业的产品定位有四种，如图 3-4 所示。

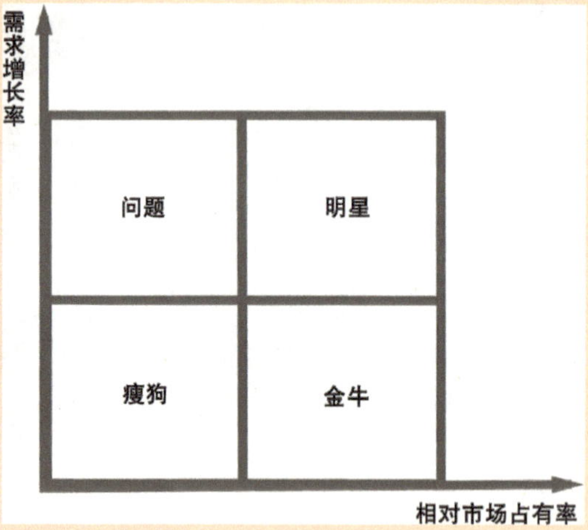

图 3-4　企业的产品定位

1. 明星型业务（Stars，高增长率、高市场份额）

这个领域中的产品处于快速增长的市场中，并且占有支配地位的市场份额，是否会产生正现金流量，取决于新工厂、设备和产品开发对投资的需要量。明星型业务是由问题型业务继续投资发展起来的，可以视为高速成长市场中的领导者，它将成为企业未来的金牛型业务。但这并不意味着明星型业务一定可以给企业带来源源不断的现金流，因为市场还在高速成长，企业必须继续投资，与市场增长同步，并击退竞争对手。企业如果没有明星型业务，就失去了希望，但“群星闪烁”也可能会使企业高层的管理者作出错误的决策。这时必须具备一定的识别能力，将企业有限的资源投入到能够发展成为金牛型的业务上。明星型业务要发展成为金牛型业务，适合采用增长战略。

2. 问题型业务（Question Marks，高增长率、低市场份额）

这个领域中的产品多是一些投机性产品，带有较大的风险。这些产品可能利润率很高，但占有的市场份额很小，往往是企业的新业务。为发展问题型业务，企业必须建立工厂，增加设备和人员，以便跟上迅速发展的市场，并超过竞争对手，这些意味着大量的资金投入。“问题”二字非常贴切地描述了企业对待这类业务的态度，因为这时企业必须慎重回答“是否继续投资发展该业务”这个问题。只有那些符合企业发展长远目标、企业具有资源优势、能够增强企业核心竞争力的业务才能得到肯定的回答。得到肯定回答的问题型业务适合采用增长战略，得到否定回答的问题型业务则适合采用收缩战略。

3. 金牛型业务（Cash Cows，低增长率、高市场份额）

这个领域中的产品产生大量的现金，但未来的增长前景是有限的。金牛型业务是成熟市场中的领导者，也是企业现金的主要来源。由于市场已经成熟，企业不必大量投资来扩展市场规模。同时，作为市场中的领导者，该业务享有规模经济和边际利润高的优势，因而给企业带来大量的现金流。企业往往用金牛型业务来支付账款和支持其他三种需要大量现金的业务。金牛型业务适合采用稳定战略。

4. 瘦狗型业务（Dogs，低增长率、低市场份额）

这个领域中的产品既不能产生大量现金，也不需要投入大量现金。一般情况下，这类业务常常是微利，甚至是亏损的。瘦狗型业务存在的原因更多的是感情上的因素，虽然一直微利经营，但还是不忍放弃。其实，瘦狗型业务通常要占用很多资源，如资金、管理部门的时间等，多数时候是得不偿失的。瘦狗型业务适合采用收缩战略，目的在于出售或清算业务，以便把资源转移到更有利的领域。

3.2 理性思考

在企业经营的过程中，部门之间会有壁垒，生产计算不准确，导致销售无法拿单，进而导致采购无法根据现有生产订购原料。目前，沙盘上的资源清晰易见，但是在实际经营过程中，企业各部门间有“信息孤岛”的情况出现。

3.2.1 系统思考：经营规划的调整

在制订计划和实施计划时，明确前三年的盈利是关键，此时的战略需要一步一步地斟酌，任何一步都不能出错，若是被对手拉开差距，后期再想追赶就很难了。

在第二年的经营过程中，我们会发现有的小组盈利很多，有的小组盈利很少，甚至还有小组亏损。第二年的盈利至关重要，如果第二年的利润不高，会导致第三年无法增加生产线，而第三年又属于市场的成长期，如果错过市场的成长期，盈利不高时，我们需要进行经营规划的调整。利润不高的原因，如果是市场竞争太大，导致广告成本过高，就应控制不必要的成本，从而降低成本。在销售不足的情况下，判断行业空间是否足够大，如果行业空间不大，就应调整行业空间的大小。在市场细分不够时，应重新进行市场定位，做好市场细分，同时要考虑市场竞争能力。企业经营规划的调整流程，如图 3-5 所示。市场竞争激烈时，判断是否需要增加广告的投入，或是研发新产品。

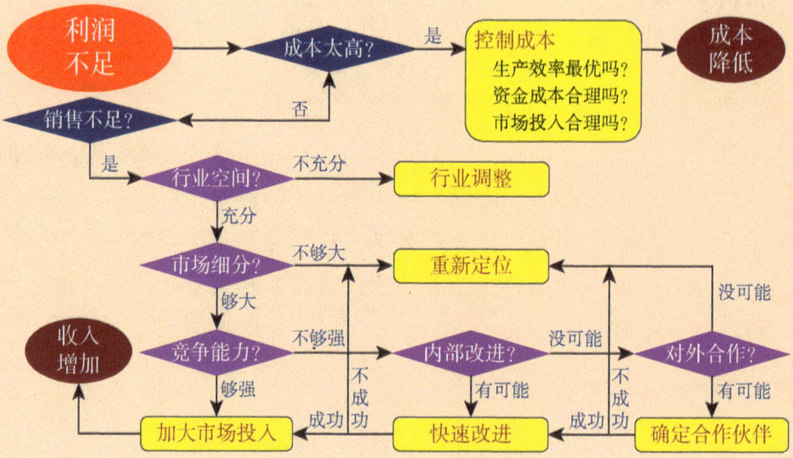

图 3-5　经营规划的调整

3.2.2　做好企业经营的规划

年初时，各组的 CEO 需要带领本组成员召开年初经营会议。年初经营会议需要确认该组的经营策略、想进入哪个市场领域、需要研发何种产品，以及企业需要哪些生产线、是否需要 ISO 资格认证、融资策略以长贷为主还是短贷为主等，这些都是企业经营中需要考虑的问题。

3.2.3　产品盈利性分析

产品盈利性分析实际上就是分析该产品的销售毛利率和销售净利率。

销售毛利率表示每单位销售收入扣除销售成本后，有多少可以用于各项期间费用和形成盈利。销售毛利率是企业销售净利率的基础，没有足够大的毛利率，企业便不能盈利。其计算公式为：

$$销售毛利率 = (销售收入 - 销售成本) \div 销售收入 \times 100\%$$

销售净利率反映每单位销售收入带来的净利润是多少，表示销售收入的收益水平。从销售净利率的指标关系看，净利额与销售净利率成正比关系，而销售收入额与销售净利率成反比关系。企业在增加销售收入额的同时，必须获得更多的净利润，才能使销售净利率保持不变或有所提高。通过分析销售净利率的升降变动，可以促使企业在扩大销售业务的同时，注意改进经营管理，提高盈利水平。其计算公式为：

$$销售净利率 = 净利额 \div 销售收入 \times 100\%$$

3.2.4　利用间谍

做好经营规划和产品盈利性分析后，我们可以着手去建造新生产线、研发新产品、开拓新市场。基础工作都做好之后，将面临盈利的关键阶段。在沙盘经营过程中，我们常常会抱怨，为什么人家可以全部卖出去，为什么一样的广告但是净利额不如人家高，这时候“间谍”就产生了很大的作用。

1. 间谍方式一——公告信息下载

公告信息下载是常用的间谍方式之一，下载界面如图 3-6 所示。点击“下载”，即可下载综合费用表、利润表和资产负债表，如图 3-7 所示。

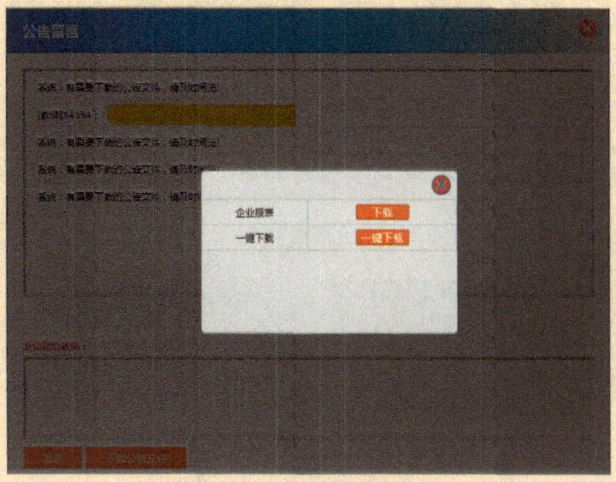

图 3-6　公告信息下载

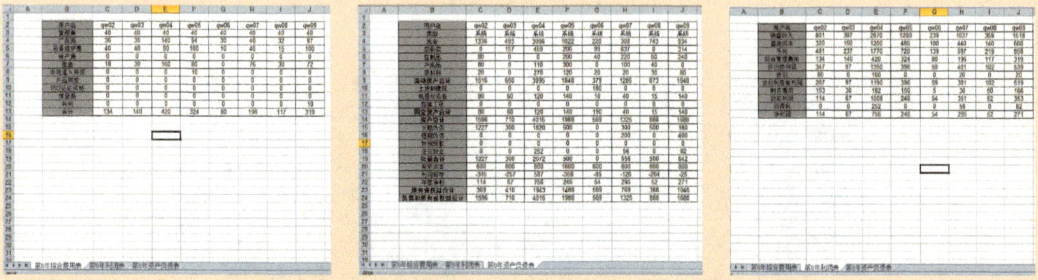

图 3-7　企业报表下载

点击“一键下载”，可下载全部报表，如图 3-8 所示。

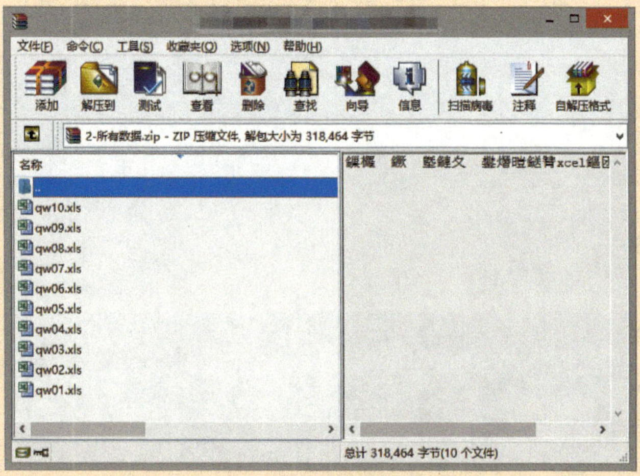

图 3-8　“一键下载”页面

2. 间谍方式二——“间谍”按钮查看信息

通过“间谍”按钮，可以获得相关信息，如图 3-9 所示。

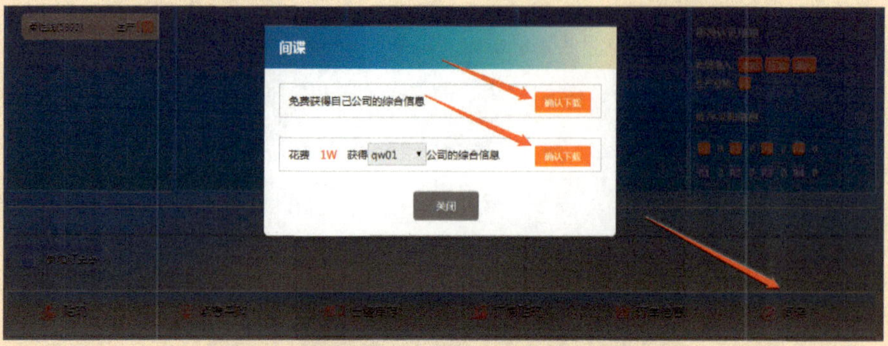

图 3-9　“间谍”获取信息

3. 间谍方式三——询盘

通过询盘方式获得相关信息，如图 3-10 所示。

图 3-10　询盘获取信息

3.3 科学管理

进入第三年的经营，对于如何生产产品，是选择以产定销策略还是选择以销定产策略……对于一家企业的管理来说至关重要。

管理是指一定组织中的管理者，通过实施计划、组织、领导、协调、控制等职能来协调他人的活动，使他人同自己一起实现既定目标的活动过程。管理是人类各种组织活动中最普通和最重要的一种活动。近百年来，人们把研究管理活动所形成的管理基本原理和方法统称为管理学。

3.3.1 生产运作管理

广义的生产运作系统管理的内容可分定位管理、设计管理和运行管理三部分。

1. 生产运作系统的定位管理

生产运作系统战略决策是从生产系统的产出如何更好地满足社会和用户的需求出发，根据企业营销系统对市场需求情况的分析，以及企业发展的条件和国家限制，从总的原则方面解决“生产什么”“生产多少”“如何生产”的问题。具体来讲，生产运作系统战略决策就是从企业竞争优势的要求出发，对生产运作系统进行战略定位，明确选择生产运作系统的结构形式和运行机制的指导思想。

2. 生产运作系统的设计管理

根据生产运作系统战略管理对于生产运作系统的定位，具体进行生产运作系统的设计和投资建设，一般包括以下两个方面的内容。

（1）产品开发管理。这部分内容包括产品决策、产品设计、工艺选择与设计、新产品试制与鉴定管理等。其目的是为产品生产运作及时提供全套的、能取得令人满意的经济效果的技术文件，并尽量缩短开发周期，降低开发费用。

（2）厂房设施和机器系统购建管理。这部分内容包括厂址选择、生产运作规模与技术层次决策、厂房设施建设、设备选择与布置、工厂总平面布置、车间及工作地布置等。其目的是以最快的速度、最少的投资，建立起最适宜企业生产运作的、能形成企业固定资产的生产运作系统主体框架。

3. 生产运作的运行管理

生产运作管理所追逐的目标可以用一句话来概括：用最低的成本，在最准确的时间，向市场提供最合理的柔性化产品和服务。

生产运作管理人员所需要的技能与其他管理人员一样，都是通过他人来完成工作任务的。因此，他们必须具备以下两个方面的技能：一方面是技术技能，包括专业技术与管理技术。生产运作管理人员面临的是转化物料或提供各种特定服务，他们必须了解这个过程，因此，必须具备有关的专业技术知识，特别是工艺知识。不懂专业技术的人是无法从事生产运作管理的。但只有专业技术知识是远远不够的，他们还需要懂生产运作过程的组织、计划与控制，懂现代化生产运作管理技术。另一方面是行为技能，即生产运作管理者要组织工人和技术人员进行生产活动，他们必须具备处理人际关系的能力，要善于与他人共事，调动他人的工作积极性，协调众人的活动。因此，对生产运作管理人员的要求是很高的。要获得这些技能，成为一名合格的生产运作管理人员，既要靠培训，又要靠实践。生产运作管理人员是企业的宝贵财富，企业主管应当充分发挥他们的作用。

3.3.2 产销排程

生产排程是在考虑能力和设备的前提下，在物料数量一定的情况下，安排各生产任务的生产顺序，优化生产顺序，优化选择生产设备，减少等待时间，平衡机器和工人的生产负荷，从而优化产能，缩短生产时间，提高生产效率。简而言之，就是将生产任务分配至生产资源的过程。

当生产订单供不应求时，以边际利润高为导向排产；当生产订单供过于求时，以优先考虑市场为导向排产。

3.3.3 物资需求计划

物资需求计划（Material Requirement Planning，MRP）是指根据产品生产过程中各组成部分的从属和数量关系，以每个物品为计划对象，以完工时间为基准倒排计划，按提前期长短区别各个物品下达计划时间的先后顺序，这是一种工业制造企业内物资计划管理模式。MRP是根据市场需求预测和顾客订单制订产品的生产计划，然后基于产品生产进度计划，组成产品的材料结构表和库存状况，通过计算机计算所需物料的需求量和需求时间，从而确定材料的加工进度和订货日程的一种实用技术。

制订物料需求计划前，必须具备以下几项基本数据。

第一项：主生产计划。它指明在某一计划时间段内应生产出的各种产品和备件，是物料需求计划制订的一个最重要的数据来源。

第二项：物料清单。它指明物料之间的结构关系，以及每种物料的需求量，是物料需求计划系统中最为基础的数据。

第三项：库存记录。它把每种物料的现有库存量和计划接受量的实际状态反映出来。

第四项：提前期。它决定着每种物料何时开工、何时完工。

应该说，这四项数据都是至关重要、缺一不可的，缺少其中任何一项或任何一项中的数据不完整，物料需求计划的制订都将是不准确的。因此，在制订物料需求计划之前，这四项数据都必须完整地建立好，而且保证是绝对可靠的、可执行的数据。

3.3.4 主生产计划管理

主生产计划管理（Master Production Schedule，MPS）是确定每一具体的最终产品在每一具体时间段内生产数量的计划。这里的“最终产品”是指对于企业来说最终完成、要出厂的产品，要具体到产品的品种、型号。这里的具体时间段，沙盘内是以季度为单位的，在有些情况下也可以是以年或月为单位的。主生产计划详细规定生产什么、什么时段应该产出，是独立需求计划。主生产计划根据客户合同和市场预测，把经营计划或生产大纲中的产品系列具体化，使之成为展开物料需求计划的主要依据，起到了从综合计划向具体计划过渡的作用。

3.3.5 零库存管理

“零库存”一词最早由日本丰田汽车公司提出。1973 年秋，中东石油危机发生以后，日本经济下降到负增长的状态，但丰田公司不仅获得高于其他公司的盈利，而且与年俱增，拉大了同其他公司的距离。于是，丰田生产方式开始受到重视，在日本被大力推广，同时吸引了一些教授对其进行研究。

“零库存”是企业综合管理实力的体现。在物流方面，要求有充分的时空观念，以严密的计划、科学的采购，达到生产资料的最佳衔接；要求资金高效率运转，原材料、生产成本在标准时间内发挥较好的作用与效益，以达到库存最少的目的。要做到“零库存”，必须重视市场，准确把握市场需求。要以销定产、以产定购，做到产得出、销得掉，发运及时。

在企业实际运作过程中，一家企业各部门的职能是相互牵连的。销售、生产、仓储、采购之间相互影响、相互制约，而这些业务职能最终会影响整个企业的经济效益。这种牵连有时会变得非常复杂，特别是当企业的规模扩大、产品线增加，或是企业面对的市场变得复杂时。

管理理论认为，管理的三大职能是计划（Planning）、控制（Controlling）和决策（Decision-making）。企业预算（即计划）是实现这三大职能的重中之重。企业运作时，真实数据通过 ERP 反馈回来，跟预算计划数据做比较，可以让管理者“对症下药”，这就是控制。通过前瞻的计划预警危险，使管理者能够及时防范，考虑各种对策的可行性，选择最可行的对策，这就是决策。我们希望运用 ERP 的企业预算工具，让企业管理者能够更准确地预测企业的未来，同时成为加强企业控制、考核和决策的科学依据。

3.4　全面预算

3.4.1　全面预算管理

全面预算是对企业在一定时期内的各项业务活动、财务表现等方面的总体预测，包括运营计划和预算两方面内容。“一定时期内”通常是指一年，运营计划包括公司级、部门级，预算包括收入、费用、资本性支出、利润、现金流量、资产负债等子预算。之所以称为“全面”，是因为预算的编制、执行与调整涉及企业的所有部门及其主要人员，包括企业所有的业务部门与职能部门。

3.4.2　全面预算管理的目的

企业推行全面预算管理，旨在达到细化战略目标、落实绩效考核、合理分配资源、加强风险控制和促进开源节流的目的。

1. 细化战略目标

全面预算能够细化企业战略规划和年度经营计划，是对企业整体经营活动所做的一系列量化的计划安排，有利于监控战略规划与年度经营计划的顺利执行。通过全面预算的编制，有助于企业上下级之间、部门与部门之间的相互交流与沟通，增进相互之间的了解，加深部门及其员工对企业战略的理解。全面预算也为企业的全体员工设立了一定的行为标准，明确了工作的方向，促使其行为符合企业战略目标及预算的要求。通过编制企业的全面预算，可促使企业管理层认真考虑完成经营目标所需的方法与途径，并对市场可能出现的变化做好准备。

2. 落实绩效考核

全面预算是企业实施绩效管理的基础，是进行绩效考核的主要依据，将预算与绩效管理相结合，可促使企业对各部门的考核真正做到“有章可循，有法可依”。

3. 合理分配资源

全面预算体系中有一部分数据可直接用于衡量企业下一年度的财务、实物与人力资源的规模，可作为调度与分配资源的重要依据之一。

4. 加强风险控制

全面预算是企业管理层进行事前、事中和事后监控的有效工具，通过寻找经营活动的实际结果与预算的差距，可以迅速发现问题并及时采取相应的措施。通过强化内部控制，可降低企业日常的经营风险。全面预算体系可以初步预计企业下一年度的经营情况，根据所反映的预算结果，预测其中的风险点所在，并预先采取某些风险控制的防范措施，从而达到规避与化解风险的目的。

5. 促进开源节流

通过全面预算，可以加强企业对费用支出的控制，有效降低企业的运营成本。全面预算体系中包括与企业收入、成本、费用相关的部分，通过对这些因素的预测，并配以预算报告与绩效奖惩措施，可以对下一年度的实际经营水平进行日常监控，有助于企业及时作出决策。当企业的收入、成本、费用水平偏离预算时，企业决策者就可以根据预算报告中所反映的问题采取必要的管理措施，并加以改进。同时，考虑到收入与成本费用间的配比关系，全面预算体系可以为以收入水平增长为前提的成本节约进行较为准确的预计。

全面预算的内容与作用，如图 3-11 所示。

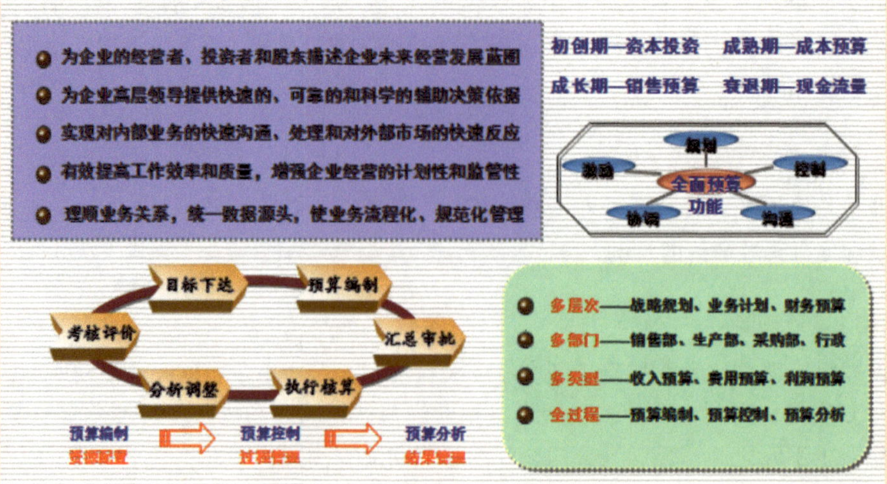

图 3-11　全面预算的内容与作用

3.4.3　预算编制的方法及其优缺点

1. 固定预算

固定预算法（静态预算法）是最传统、最基本的预算编制方法，是以预算期内正常的、可能实现的某一业务量（如生产量、销售量）水平为固定基础，确定相应的固定预算数，不考虑可能发生的变动因素而编制预算的方法。

其优点是编制简单、容易控制；缺点是过于机械、呆板，可比性差。该方法适用于业务量水平较为稳定的情况，或编制固定成本与固定费用预算。

2. 弹性预算

弹性预算法（变动预算法）是在变动成本法的基础上，以未来不同业务量水平为基础编制预算的方法。弹性预算是以预算期间可能发生的多种业务量水平为基础，分别确定与之相适应的费用数额而编制的、能适应多种业务量水平的费用预算。其目的是分别反映在实现各业务量的情况下所应开支（或取得）的费用（或利润）水平。这种预算方法可以随着业务量的变化，反映各项业务量水平下的支出控制数，具有一定的伸缩性。

用弹性预算的方法来编制成本预算时，其关键在于把所有的成本划分为变动成本与固定成本两部分。变动成本主要根据企业的业务量来控制，固定成本则根据总额控制。成本的弹性预算公式为：

$$\text{成本的弹性预算} = \text{固定成本预算数} + \sum(\text{单位变动成本预算数} \times \text{预计业务量})$$

这种方法的优点：一方面，能够适应不同经营活动情况的变化，扩大预算的范围，更好地发挥预算的控制作用，避免在实际情况发生变化时对预算做频繁地修改；另一方面，能够使预算对实际执行情况的评价与考核，建立在更加客观、可比的基础上。这种方法的缺点：工作量大，将所有成本费用划分为固定性与变动性两类，在理论上可行，但在实际操作中并不容易。该方法适用于随业务量变化而变化的各项成本费用支出。

3. 增量预算

增量预算法又称调整预算法，是指以基期成本费用水平为基础，结合预算期内业务量水平及有关成本影响因素的未来变动情况，通过调整有关原有费用项目而编制预算的一种方法，是一种传统的预算方法。应用增量预算法有三个假设前提：一是现有的业务活动是企业必需的，二是原有的各项开支都是合理的，三是增加费用预算是值得的。增量预算法不主张将预算做较大的改动，主要沿袭以往的预算项目和预算标准。

这种方法的优点是预算工作量小，企业上下容易达成共识；缺点是以往不合理的开支不易被发现，对未来的情况变化考虑不足。该方法用于小额的收入成本和费用预算的编制。

4. 零基预算

零基预算法是以零为基础编制计划和预算的方法，是指在编制预算时对于所有的预算支出，均以“零”为基底，不考虑以往的情况如何，从根本上研究分析每项预算是否有支出的必要和支出数额的大小的一种编制预算的方法。这种预算不以历史为基础，在年初重新审查每项活动对实现组织目标的意义和效果，并在“成本—效益”分析的基础上，重新排出各项管理活动的优先次序，并据此决定资金和其他资源的分配。

零基预算法与传统的调整预算法截然不同：首先，预算的基础不同，调整预算法的编制基础是前期结果，零基预算法的基础是“零”；其次，预算编制分析的对象不同，调整预算法重点对新增加的业务活动进行“成本—效益”分析，零基预算法要对预算期内所有的经济活动进行“成本—效益”分析；最后，预算的着眼点不同，调整预算法着重从货币的角度控制预算金额的增减，零基预算法更多是根据业务活动的必要性和重要程度来分配有限的资金。

零基预算法编制的主要步骤：第一步，划分和确定能独立编制预算的基层单位；第二步，根据企业总体目标以及各单位责任目标，编制各单位的费用预算方案；第三步，对每个项目进行“成本—效益”分析；第四步，审核分配资金。

这种方法的优点：有利于提高员工的“投入—产出”意识，有利于合理分配资金，有利于发挥基层单位参与预算编制的创造性，有利于提高预算管理水平。这种方法的缺点：工作量巨大，费用相对较高，耗时较长；在进行分层、排序和资金分配时，可能会受主观因素的影响，容易引起单位之间的矛盾；可能导致只注重局部、短期利益，忽视整体、长远利益的后果。在企业的管理能力未达到相应的水平前，暂时不宜大规模使用，可以针对某些专项性费用使用该方法。

5. 作业基础预算

作业基础预算是以作业管理为基础、以企业价值增值为目的的预算管理形式。它是在作业分析和业务流程改进的基础上，结合企业战略目标和据此预测的作业量，确定企业每个部门所发生的作业成本，并运用该信息在预算中规定每项作业所允许的资源耗费量，进而实施有效的控制，以及绩效评价和考核。这种预算编制方法的实质是对工作步骤进行分解，按步骤确定作业量和所需资源。

作业基础预算法的基础是作业成本法，而作业基础预算的编制路径正好与作业成本计算的路径相逆。

作业基础预算的关键编制步骤：第一步，将战略目标分解为作业层次的目标；第二步，对现有的作业进行分析；第三步，按照改进后的作业和流程估计未来的作业量，并以此为依据分配资源，编制预算草案；第四步，按照战略目标确定的作业优先顺序调整资源需求和资源限额之间的差异，并形成最终的作业预算。

这种方法的优点：预算因果关系明确，资源配置更加有效，容易发现无效作业和低效作业。这种方法的缺点：划分作业项目复杂，没有作业成本应用基础时完全无法使用。对于已应用作业成本管理法的项目，应尽可能使用该方法。

6. 概率预算

概率预算是对在预算期内不确定的各个预算构成变量，根据客观条件，作出近似的估计，估计它们可能的变动范围及出现在各个变动范围的概率，再通过加权平均法计算有关变量在预期内的期望值的一种预算编制方法。弹性预算属于确定预算，而概率预算属于不确定预算。

概率预算的步骤：第一步，统计事件在上一期间的发生次数及持续时间；第二步，计算事件在一定期间发生的概率的期望值；第三步，确定预算时间；第四步，计算发生事件的时间；第五步，确定单位时间的资源消耗单价；第六步，计算事件所需成本。

这种方法的优点：便于理解，编制依据充分。这种方法的缺点：工作量大，依赖历史数据，对未来情况变化考虑不足。对于争议较大或不确定的项目可以适当考虑使用该方法。

7. 清单预算

清单预算是在列出各项预算项目清单的基础上，对清单进行分析、取舍，然后汇总编制预算的一种方法。

这种方法的优点：预算依据详细，便于分析并作出决策。这种方法的缺点：工作量较大，对变化情况考虑不足，容易遗漏应预算事项。对于影响较大的收入成本、费用项目，应尽可能使用该方法。

对于预算编制方法的选择，应以企业的实际情况为依据，一般由财务部门负责。

3.5　资金管理

3.5.1　现金流

现金流（Cash Flow）是指一段时间内企业现金流入和流出的数量。企业在销售商品、提供劳务，或是出售固定资产、向银行借款的时候都会取得现金，形成现金的流入。而企业为了生存、发展、扩大需要购买原材料、支付管理费、购建固定资产、对外投资、偿还债务等，这些活动都会导致企业现金的流出。如果企业手头上没有足够的现金流来面对这些业务的支出，其后果是可想而知的。从企业长期的发展来看，现金流比利润更为重要，它贯穿于企业生产经营活动的每个环节。在现实生活中我们可以看到，有些企业虽然账面盈利颇丰，却因为现金流不充沛而倒闭；有的企业虽然长期处于亏损当中，但其却可以依赖自身拥有的现金流得以长期生存。企业的持续性发展经营，靠的不是高利润，而是良好、充足的现金流。

“现金为王”一直以来都被视为企业资金管理的中心理念。企业现金流的管理水平往往是决定企业存亡的关键所在。在日益激烈的市场竞争中，企业面临的生存环境复杂多变，通过提升企业现金流的管理水平，才能合理地控制营运风险，提升企业整体资金的利用效率，从而不断加快企业自身的发展。

3.5.2　现金管理

传统意义上的资金管理主要是企业资金的流入和流出。然而，广义上的现金管理所涉及的范围就要广得多，通常包括企业账户及交易管理、流动性管理、投资管理、融资管理和风险管理等。企业现金管理主要可以从规划现金流、控制现金流出发。

1. 规划现金流

规划现金流主要是通过运用现金预算的手段，并结合企业以往的经验，确定一个合理的现金预算额度和最佳现金持有量。如果企业能够精确地预测现金流，就可以保证现金充足的流动性。企业的现金流预测可以根据时间的长短分为短期、中期和长期。通常，期限越长，预测的准确性就越差。到底选择何种现金流的预测方式，就要综观企业整体的发展战略和实际要求。同时，企业的现金流预测还可以从现金的流入和流出，来推断一个合理的现金存量。

2. 控制现金流

控制现金流是对企业现金流的内部控制。控制企业的现金流是在正确规划的基础上展开的，主要包括企业现金流的集中控制、收付款的控制等。现金的集中管理将更有利于企业资金管理者了解企业资金的整体情况，在更广的范围内迅速而有效地控制好这部分现金流，从而使这些现金的保存和运用达到最佳状态。企业的现金流，如图 3-12 所示。

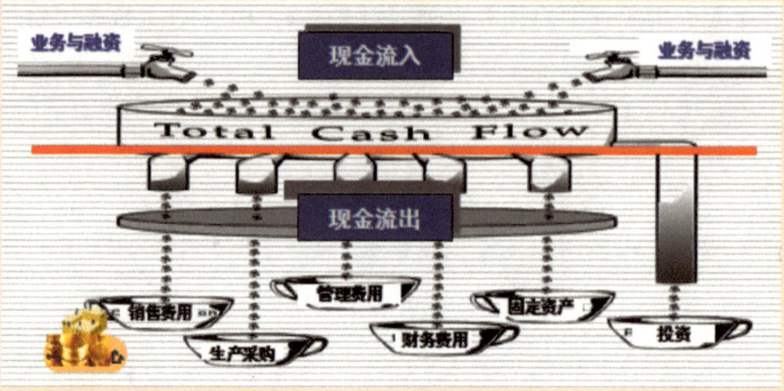

图 3-12 企业的现金流

企业是以盈利为目的的，不乏有一些企业刻意追求高收益、高利润。因此，往往会产生这样一种错误的思想，认为企业利润显示的数值高就是经营有成效的表现，从而一定程度上忽略了利润中所应该体现出来的流动性。作为企业的资金管理者，应当充分、正确地界定现金与利润之间的差异。

3.5.3 企业信息化管理

企业信息化管理（Enterprise Information Management，EIM）是指对企业信息实施过程进行的管理。企业信息化管理主要包含信息技术支持下的企业变革过程管理、企业运作管理，以及对信息技术、信息资源、信息设备等信息化实施过程的管理。企业信息化管理的几个方面的实现是不可分割的，它们互相支持、彼此补充，相互融合、相互制约。企业信息化管理属于企业战略管理范畴，对企业发展具有重要意义。

传统的战争是钢铁、石油、经济的消耗战，而在网络时代，战争则可能是低成本的：拥有很少资源的国家、团体，甚至个人，可以向拥有极多资源的对手发动信息攻击，并能给对手造成极大的损失。对此，军事学家一针见血地指出："战争形态的变化完全是由信息技术的发展所造成的，信息优势可望取代核威慑，成为全新的威慑手段。"信息已成为一种战略资源，电子空间将成为未来世界的主战场。

3.6 企业决策的制定

随意决策、头脑发热、信口开河、独断专行，这些在沙盘中都不应该出现。应在正确的理论指导下，按照一定的程序，充分依靠组内成员的集体智慧，正确运用决策技术和方法来选择行为方案。

决策是一个提出问题、分析问题、解决问题的完整的动态过程，遵循科学的决策程序，才能作出正确的决策。决策程序包括以下四个基本步骤。

3.6.1　提出问题，确定目标

一切决策都是从问题开始。所谓问题，就是应有现象和实际现象之间出现的差距。决策者要善于在全面收集、调查、了解情况的基础上，发现差距、确认问题，并能阐明问题的发展趋势和解决问题的重要意义。

所谓目标，是指在一定的环境和条件下，在预测的基础上所希望达到的结果。目标是决策的出发点和归宿。目标必须明确、合理，应在需要与可能的基础上，分清必须达到的目标和期望达到的目标。

3.6.2　拟定可行方案

可行方案是指具备实施条件、能保证决策目标实现的方案。解决任何一个问题，可能存在多种方法，要经过比较，制定各种可供选择的方案。所以，拟订可行方案的过程是一个发现、探索的过程，也是淘汰、补充、修订、选取的过程。既要大胆设想、敢于创新，又要细致冷静、精心设计。

在这个过程中，某些方案如果确定不可行或是超出企业的能力范围，可先行剔除，再开始讨论其他的方案。美国科学家本杰明·富兰克林（Benjamin Franklin）曾提出一个不错的方法，这就是成本效益分析法。把每项方案的优缺点列出来，优点的部分给予 0~+10 的评等，缺点的部分给予 0~−10 的评等，最后将所有优缺点的分数相加，这样就可以得出每个方案的总分，决定哪一个是正确的方案，这就是著名的“富兰克林决策法”。

3.6.3　行动计划与执行

一旦作出了决定，就要下定决心去执行，不要再想着先前遭到否决的方案，既然之前都已确实做好评估，就应专注在后续的执行层面。

拟定一套详细的行动计划，包括有哪些人应该知道这项决策，应采取哪些行动，什么人负责哪些行动，该如何应对可能遭遇的困难，等等。行动计划必须符合 SMART 原则和 5W2H 要求，并按照 PDCA 循环切实地落实执行。

3.6.4　检讨执行成效

我们通常很少回过头来重新检视先前决策的成效如何，因此有时无法累积宝贵的经验。事后的评估不应只是书面的报告，报告不能完全地呈现决策执行过程中的实情，有些细节必须要亲身经历或是聆听参与者的意见，才有可能真正体验。

第4章 沙盘竞赛篇

4.1 竞赛各环节的技巧

4.1.1 新年度规划会议

初学者往往会忽略沙盘运营流程表，觉得流程表没有什么作用。其实不然，很多有水平、有想法的选手经常会用比赛的四分之三的时间进行新年度会议规划，剩下的四分之一进行操盘。那到底什么是新年度会议规划？新年度会议规划涉及哪些内容，需要从哪些方面做起？

新年度规划会议是企业当年开始之前必须要做的一场战略规划会，是一家企业开始接手经营的全面预算会议。学员可以按照沙盘运营流程表的步骤全部模拟一遍当年的经营预算流程和下一年的流程，做好本年和下一年的预算。总体来说，就是根据流程表上的流程把企业的运营全部模拟一遍，即从新年度规划会议开始到本年结账结束。在结束模拟运营时，要及时进行总结，当天的问题要当天解决，要多分析他人的数据，观察其他学员如何做好经营，并进行总结归纳。

“凡事预则立，不预则废。”ERP 沙盘也是如此，在做之前，多思考几步，确定先走哪一步、后走哪一步，这是至关重要的。否则，不会思考、害怕思考，只会让经营陷入混乱的困境中，给执行带来巨大的阻碍。好的选手会做到走一步、看两步、想三步，做好规划，把控细节，这样才能笑到最后。

新年度开始，除了做好预算外，还要有准确的数据作为决策的支撑。同时，企业还要了解竞争对手的情况，包括查看竞争对手的市场开拓、产品选择、原材料采购、产能大小、现金流多少等。注重各个环节，尤其是各种细节，对于各种突发情况也要有应对措施。

4.1.2 广告投放

投放广告的目的主要有两个：一是企业自身获得盈利，二是消灭竞争对手。当企业自身处于弱势时，投放广告首先要考虑的是自己的盈利问题，因为若无盈利，企业无法生存，就会受到威胁。盈利要从原材料采购成本、生产成本、广告费用、产品研发费用、市场组合、对手策略几个方面考虑。而当企业自身处于优势地位或是和对手优势持平时，应当考虑打击对手。俗话说：“伤敌一千，自损八百。”打击对手的同时，企业自己也会受到一定的伤害，但要看谁的损失更大。弱势的对手是经不起打击的，把对手打倒，企业自身就会脱颖而出。但是，同时也要注意“坐收渔翁之利”的对手，避免两败俱伤。

投放广告的时候，企业要考虑自己的产能，因为这才是投放广告的出发点。同时，投放广告时要考虑费用，不计算费用去投放广告，多则增加成本费用，少则无法获取目标订单，综合费用是影响权益的最重要因素。所以，在投放广告的时候一定要考虑权益的问题，达到广告利用率，用自己权益降低的代价来换取高广告的投放是不明智的做法。如果没有充足的现金流，在投放广告时应慎重。

企业要利用合理的产品结构来抢占市场老大地位。到底要不要抢市场老大，以多少广告费抢市场老大地位，以什么样的产品组合抢占市场老大地位，这些都是需要经过缜密计算的。

在沙盘比赛过程中，真正博弈交锋的战场就是在市场选单过程中，产品的选择、市场的选择都集中反映在广告费用投放策略上。不同的市场、不同的规则、不同的选手等一切内外部因素都会导致广告投放策略的不同。因此，并没有一个通用的公式可以做到广告投放的准确无误。通常，我们拿到一个市场预测后，首先做的就是将图表信息转换成我们易于读识的数据表。通过这种"数字化"转换以后，我们可以清晰地看到，不同产品、不同市场、不同年度、不同需求和毛利。通过这样的转换，可以让我们对不同时期市场的金牛产品有所规划，帮助我们作出正确的战略决策。更重要的是，通过市场总需求量与不同时期全部小组的产能比较，可以分析出该产品是供大于求还是供不应求。通过这样的分析，就可以大致分析出各个市场的竞争激烈程度，从而估算广告费用的投入。

另外，除了考虑整体市场的松紧情况，我们还可以将这些需求量除以参赛的小组数，就可以得到一个平均值。那么，在投放广告时，如果打算今年出售的产品数量大于这个平均值，意味着可能需要投入更多的广告费用去抢别人手里的市场份额；相反，如果打算出售的产品数量小于这个平均值，那么相对来说可以少投入一些广告费用。如果在某一市场整体广告费用偏高，或者上一年度销售额相对较高的情况下，可以适当优化部分产品的广告费用，从而达到整体最优的效果。

除了上述的需求量分析以外，企业还需要查看广告排名顺序，记录自己是第几个选单，通过选单顺序可以提前预估将要拿到的订单。

4.1.3　参加选单会

在选单环节之前，各组应先计算好自己的产能，判断每个季度能出多少个产品、有多少个产品是可以通过转产来实现灵活调整的。在了解自己的产能后，通过市场预测分析，大概确定准备在某个市场出售多少产品，同时决定相应的广告费用投入。

在所有组的广告投放完后，裁判通常会将所有广告情况下发，我们可以快速地分析出自己在各个市场选单的次序，同时对比原来设计的产品投放安排，作出相应的调整，保证顺利实现销售。

选单过程中，我们常常会遇到大需求量的订单单价低的情况，接了这样的单子，利润比较薄；而单价高、利润高的单子，往往数量小，接了这样的单子又不能把产品卖完，造成库存积压。选数量大的还是选单价高的单子，应该根据赛场情况灵活应对。

初期，大家的产能相对市场需求比较大，考虑发展的需要，建议以尽可能多地销售产品为目标；此时，由于市场和产品的多样化，以及部分企业的破产倒闭，市场竞争反而减弱。此时，强队之间的权益可能相差不多，而大家的产能都达到了上限，这个时候如果可以合理地精选单价高的订单，就可以获得毛利优势。

4.1.4 参加竞单会

1. 竞单规则分析

竞单会不同于选单，选单公开透明，而竞单则是通过“暗标”的方式来获取市场订单。

在新道新商战中，竞单规则如下：参与竞拍的订单（和选单结构完全一样）标明了订单编号、市场、产品、数量、ISO 认证要求等，而总价、交货期和账期三项需要选手自己填写，最后以得分系数的高低决定该订单属于哪个小组。参与竞拍的公司需要有相应市场、ISO 认证的资质。中标的公司需要为该单支付 10W（等于最小得单广告额，为可变参数）的标书费，在竞拍会结束扣除，计入广告费。如果已竞得单数（含本次同时竞单数）与最小得单广告额的乘积大于现金余额，则不能再竞单。公司内必须有一定的现金库存作为保证金。

为了公平起见，防止恶意竞单，系统对竞得单张数进行限制，当某队已竞得单张数 >ROUND（3 × 该年竞单总张数 ÷ 参赛队数），则不能继续竞单。（ROUND 表示四舍五入）如果上式为等于，则可以继续参与竞单。参赛队数是指经营中的队伍，破产继续经营也算在内，破产退出经营则不算在内。

参与竞拍的公司须根据所投标的订单，在系统规定的时间（可以在参数中修改，以倒计时“秒”的形式显示）填写总价、交货期和账期三项内容，确认后得分最高者中标（得分 =100+（5- 交货期）× 2+ 应收账期 -8 × 总价 ÷（该产品的直接成本 × 数量）。如果得分相同，则先提交者中标。特别提示：总价不能低于（可以等于）成本价，也不能高于（可以等于）成本价的三倍；如在倒计时小于或等于 5 秒再提交，可能提交失败。竞单和选单一样，都算作销售收入，对市场老大的判定依然有效，如果违约了也按照订单总额计算违约金。

2. 竞单风险分析

竞单规则中，每种产品规定可以卖出直接成本 3 倍的价格，每支参赛队伍都想吃到这块蛋糕，甚至可能出现极端的情况，如将所有销售全部押在竞单市场上。但是，由于竞单市场的数量有限，有些参赛队伍无法拿到足够的订单而导致大量库存积压；也会因为竞争太激烈而大打价格战，出现大家都是“白菜价”竞单的情况，市场的不确定性大大增加了竞单市场的风险。既然风险这么高，那不进行竞单是不是更好，只要在选单市场稳稳地接单销售，保持稳定增长就可以了呢？当然，如果前期规划采取了保守策略，可以有效规避风险，但是利润也会减少。根据往年的比赛经验，竞单信息会提前一年下发给选手，就是为了给各组充分的时间考虑参与竞单会的策略。由于竞单会是在选单以后举行，如果竞单会还没有清掉留下的库存，那么本年将没有机会再选取订单，只能造成产品库存积压。这就需要提前设计好竞单产品的品种、数量、价格、交货期及账期等因素。尤其在分配竞单会和选单会订单比例上非常关键，留下来参与竞单的交货期越靠前、订单越多，则风险越小。因为交货期短的订单大家都是最后去拿，但相对来说，收益也可能小；反之亦然。因此，各小组在竞单时需要做好周密预算，充分吃透规则、算好对手产能，这样才能达到出其不意的效果。通过技巧性的违约和紧急采购，可以平衡风险和收益，从而获取更高的利润。

3. 交货期、应收账款与总价关系分析

在竞单中，有三个变量是需要我们手工填写的——总价、交货期和应收款账期。取得订

单的条件是根据以下公式：

得分 =100+（5- 交货期）×2+ 应收账期 -8× 总价 ÷（该产品直接成本 × 数量）

或　得分 =100+（5- 交货期）×2+　应收账期 -8× 单价 ÷ 该产品直接成本

以得分最高者中标；如果计算分数相同，则先提交者中标。如果总价很低、账期很长、交货期很短，得分虽然高了，但是收益相对来说就非常低了；相反，如果总价很高、账期很短、交货期很长，那么会导致得分很低，从而无法获得该订单。如何设置这三个变量，找到得分和收益的最佳平衡点，才是竞单成败的关键。下面以表格形式（表 4-1 至表 4-4）说明在价格增长情况下得分的变化，不同产品交货期减少一季对分数的影响，以及应收账期增加一季对分数的影响。

表 4-1　竞单得分表 1

价格	交货期	账期	分数	价格	交货期	账期	分数	价格	交货期	账期	分数	价格	交货期	账期	分数	价格	交货期	账期	分数
3倍价	1	4	88	2.9倍价	1	4	88.8	2.8倍价	1	4	89.6	2.7倍价	1	4	90.4	2.6倍价	1	4	91.2
		3	87			3	87.8			3	88.6			3	89.4			3	90.2
		2	86			2	86.8			2	87.6			2	88.4			2	89.2
		1	85			1	85.8			1	86.6			1	87.4			1	88.2
		0	84			0	84.8			0	85.6			0	86.4			0	87.2
	2	4	86		2	4	86.8		2	4	87.6		2	4	88.4		2	4	89.2
		3	85			3	85.8			3	86.6			3	87.4			3	88.2
		2	84			2	84.8			2	85.6			2	86.4			2	87.2
		1	83			1	83.8			1	84.6			1	85.4			1	86.2
		0	82			0	82.8			0	83.6			0	84.4			0	85.2
	3	4	84		3	4	84.8		3	4	85.6		3	4	86.4		3	4	87.2
		3	83			3	83.8			3	84.6			3	85.4			3	86.2
		2	82			2	82.8			2	83.6			2	84.4			2	85.2
		1	81			1	81.8			1	82.6			1	83.4			1	84.2
		0	80			0	80.8			0	81.6			0	82.4			0	83.2
	4	4	82		4	4	82.8		4	4	83.6		4	4	84.4		4	4	85.2
		3	81			3	81.8			3	82.6			3	83.4			3	84.2
		2	80			2	80.8			2	81.6			2	82.4			2	83.2
		1	79			1	79.8			1	80.6			1	81.4			1	82.2
		0	78			0	78.8			0	79.6			0	80.4			0	81.2

表 4-2 竞单得分表 2

价格	交货期	账期	分数	价格	交货期	账期	分数	价格	交货期	账期	分数	价格	交货期	账期	分数	价格	交货期	账期	分数
2.5倍价	1	4	92	2.4倍价	1	4	92.8	2.3倍价	1	4	93.6	2.2倍价	1	4	94.4	2.1倍价	1	4	95.2
		3	91			3	91.8			3	92.6			3	93.4			3	94.2
		2	90			2	90.8			2	91.6			2	92.4			2	93.2
		1	89			1	89.8			1	90.6			1	91.4			1	92.2
		0	88			0	88.8			0	89.6			0	90.4			0	91.2
	2	4	90		2	4	90.8		2	4	91.6		2	4	92.4		2	4	93.2
		3	89			3	89.8			3	90.6			3	91.4			3	92.2
		2	88			2	88.8			2	89.6			2	90.4			2	91.2
		1	87			1	87.8			1	88.6			1	89.4			1	90.2
		0	86			0	86.8			0	87.6			0	88.4			0	89.2
	3	4	88		3	4	88.8		3	4	89.6		3	4	90.4		3	4	91.2
		3	87			3	87.8			3	88.6			3	89.4			3	90.2
		2	86			2	86.8			2	87.6			2	88.4			2	89.2
		1	85			1	85.8			1	86.6			1	87.4			1	88.2
		0	84			0	84.8			0	85.6			0	86.4			0	87.2
	4	4	86		4	4	86.8		4	4	87.6		4	4	88.4		4	4	89.2
		3	85			3	85.8			3	86.6			3	87.4			3	88.2
		2	84			2	84.8			2	85.6			2	86.4			2	87.2
		1	83			1	83.8			1	84.6			1	85.4			1	86.2
		0	82			0	82.8			0	83.6			0	84.4			0	85.2

表 4-3 竞单得分表 3

价格	交货期	账期	分数	价格	交货期	账期	分数	价格	交货期	账期	分数	价格	交货期	账期	分数	价格	交货期	账期	分数
2倍价	1	4	96	1.9倍价	1	4	96.8	1.8倍价	1	4	97.6	1.7倍价	1	4	98.4	1.6倍价	1	4	99.2
		3	95			3	95.8			3	96.6			3	97.4			3	98.2
		2	94			2	94.8			2	95.6			2	96.4			2	97.2
		1	93			1	93.8			1	94.6			1	95.4			1	96.2
		0	92			0	92.8			0	93.6			0	94.4			0	95.2
	2	4	94		2	4	94.8		2	4	95.6		2	4	96.4		2	4	97.2
		3	93			3	93.8			3	94.6			3	95.4			3	96.2
		2	92			2	92.8			2	93.6			2	94.4			2	95.2
		1	91			1	91.8			1	92.6			1	93.4			1	94.2
		0	90			0	90.8			0	91.6			0	92.4			0	93.2
	3	4	92		3	4	92.8		3	4	93.6		3	4	94.4		3	4	95.2
		3	91			3	91.8			3	92.6			3	93.4			3	94.2
		2	90			2	90.8			2	91.6			2	92.4			2	93.2
		1	89			1	89.8			1	90.6			1	91.4			1	92.2
		0	88			0	88.8			0	89.6			0	90.4			0	91.2
	4	4	90		4	4	90.8		4	4	91.6		4	4	92.4		4	4	93.2
		3	89			3	89.8			3	90.6			3	91.4			3	92.2
		2	88			2	88.8			2	89.6			2	90.4			2	91.2
		1	87			1	87.8			1	88.6			1	89.4			1	90.2
		0	86			0	86.8			0	87.6			0	88.4			0	89.2

表 4-4　竞单得分表 4

价格	交货期	账期	分数	价格	交货期	账期	分数	价格	交货期	账期	分数	价格	交货期	账期	分数	价格	交货期	账期	分数
1.5 倍价	1	4	100	1.4 倍价	1	4	100.8	1.3 倍价	1	4	101.6	1.2 倍价	1	4	102.4	1.1 倍价	1	4	103.2
		3	99			3	99.8			3	100.6			3	101.4			3	102.2
		2	98			2	98.8			2	99.6			2	100.4			2	101.2
		1	97			1	97.8			1	98.6			1	99.4			1	100.2
		0	96			0	96.8			0	97.6			0	98.4			0	99.2
	2	4	98		2	4	98.8		2	4	99.6		2	4	100.4		2	4	101.2
		3	97			3	97.8			3	98.6			3	99.4			3	100.2
		2	96			2	96.8			2	97.6			2	98.4			2	99.2
		1	95			1	95.8			1	96.6			1	97.4			1	98.2
		0	94			0	94.8			0	95.6			0	96.4			0	97.2
	3	4	96		3	4	96.8		3	4	97.6		3	4	98.4		3	4	99.2
		3	95			3	95.8			3	96.6			3	97.4			3	98.2
		2	94			2	94.8			2	95.6			2	96.4			2	97.2
		1	93			1	93.8			1	94.6			1	95.4			1	96.2
		0	92			0	92.8			0	93.6			0	94.4			0	95.2
	4	4	94		4	4	94.8		4	4	95.6		4	4	96.4		4	4	97.2
		3	93			3	93.8			3	94.6			3	95.4			3	96.2
		2	92			2	92.8			2	93.6			2	94.4			2	95.2
		1	91			1	91.8			1	92.6			1	93.4			1	94.2
		0	90			0	90.8			0	91.6			0	92.4			0	93.2

4.1.5　所得税

1. 所得税计算

在沙盘模拟学习中，可以将所得税理解成每年收入部分减去成本费用后，剩余的部分乘 25%。交税应满足的条件：当年利润表净利为正数（税前利润为正数），弥补以前年度亏损后（5 年以内）仍然盈利。

此处需要理解几个专业术语的概念。

税前利润：已经扣除综合费用、财务费用、折旧后，但未扣除税金时的利润。

应纳税所得额：税前利润扣除弥补以前年度亏损的部分之后的数额。如果该数额为负数，则应纳税所得额为 0；如不为负数，则大于 0 的部分为应纳税所得额，须缴纳相应的税额。

应交税金：应纳税所得额乘税率。

净利润：税前利润扣除应交税金的数额。

税的计算主要是指应交税金的计算，实际上最关键的是应纳税所得额的计算。

假设初始股东资本均为 600，税率为 25%，四舍五入计算。

（1）假如第一年权益为 400，即净利润为 -200，亏损为 200。第二年税前利润为 201，则应纳税所得额为 1（弥补以前年度亏损），应交税金为 25%，取整后实交税金为 0。但这个“1”是没有交过税的，需要累加到下一年一起交税。如果第三年税前利润为 5，那么应纳税所得额为 6（5+1），应交税金为 1.5，取整后实交税金为 2；如果第三年税前利润为 4，那么应纳税所得额为 5（4+1），应交税金为 1.25，取整后实交税金为 1。由于实缴税金大于 0，虽然应纳税所得额为 5，由于取整后有“1”没有交税，实际上是按规定交过税的，因此属于合法避税。

（2）假如第一年权益为 400。第二年税前利润为 205，则应纳税所得额为 5（205-200），应交税金为 1.25，实交税为 1，并且剩下的“1”不需要累计到下一年。

（3）假如第一年权益为 400。第二年税前利润为 201（无须交税）。第三年税前利润是 -40，则权益为 561（不需要交税），第四年税前利润为 41，这时，第一年亏损的 200 已经弥补过，不能重复弥补，因此只能弥补 40，那么应纳税所得额为 2，因此税金为 1。

（4）假如第一年权益为 400。第二年税前利润为 205，实交税为 1。第三年税前利润是 -40，则权益为 564（不需要交税）。第四年税前利润为 41，这时第一年亏损的 200 已经弥补过，不能重复弥补，因此只能弥补 40，那么应纳税所得额为 1（无须交税），但这个“1”会累计到次年。

（5）假如第一年权益为 400。第二年税前利润为 205，实交税为 1。第三年税前利润是 -40，则权益为 564（不需要交税），第四年税前利润为 81，这时第一年亏损的 200 已经弥补过，不能重复弥补，因此只能弥补 40，那么应纳税所得额为 41，交税 10（无须累计 1），权益为 635。第五年税前利润是 -20，权益为 615（不需要交税）。第六年税前利润为 21，那么第六年可以弥补的只有 20，应纳税所得额为 1，无须交税，但是这个“1”会累计到次年（如果有第七年）。

为了更加直观地说明计算整数的所得税，用表 4-5 中的数据进行说明。

表 4-5　整数的所得税计算

年　度	第一年	第二年	第三年	第四年	第五年	第六年
税前利润	-10	50	-20	-30	40	130
所得税	0	10	0	0	0	30
年度净利润	-10	40	-20	-30	40	100

第一年年度净利亏，不需要缴税。第二年盈利为 50，弥补第一年亏损后盈利为 40，税率为 25%，则所得税为 10（40×0.25）。第三、第四年亏损，不需要交税。第五年盈利，但不足以弥补第三、第四年的亏损，故不交税。此处要注意，第一年虽然亏损为 10，但在第二年已经弥补了 10，所以，第五年不需要再次弥补第一年的亏损。第六年盈利，需要与未交税的第三、第四、第五年累计计算应税利润为 120（-20-30+40+130），所得税为 30（120×0.25）。

从当年开始，与前面连续未交税的年份（最多 5 年）税前利润累加，得到应税利润。应税利润若大于 0，则按照税率计算所得税。

由于系统中只取整数，下面举例说明对于小数的处理，用表 4-6 和表 4-7 进行说明。

表 4-6　小数的所得税计算（累计）

年　度	第一年	第二年	第三年	第四年
税前利润	-160	50	111	5
所得税	0	0	0	2
年度净利润	-160	50	111	3

在表 4-6 中，第三年累计税前利润为 1（-160+50+111），应税利润为 1 ，所得税税率为

25%，所得税为 0.25（1×0.25），四舍五入，故当年不交税。由于第三年没有交税，则当年 1 的应税利润要累计到下一年，第四年税前利润为 5，故第四年应税利润为 6（5+1），所得税为 1.5（6×0.25），四舍五入，所得税为 2。

表 4-7　小数所得税的计算（不累计）

年　度	第一年	第二年	第三年	第四年
税前利润	-160	50	115	5
所得税	0	0	1	1
年度净利润	-160	50	114	4

在表 4-7 中，第三年累计税前利润为 5（-160+50+115），应税利润为 5，所得税为 1.25（5×0.25），四舍五入，所得税为 1。由于第三年交了税，则当年的未交应税利润 1 不累计到下一年。第四年税前利润为 5，应税利润为 5，所得税为 1。

从以上两个例子可以看出，无论是小数还是整数，都要符合以下原则：从当年开始，与前面连续未交税年份（最多 5 年）的税前利润累加，得到应税利润，若大于零 0，则需要计算所得税。

2. 合理避税

当年税前利润减去以前年度亏损后，剩下的为应税利润（即应纳税所得额），企业按应税利润乘税率来缴纳所得税，所得税税率一般为 25%。那么，就可以使用"四舍五入"这一规则进行合理避税。通过全面预算，我们可以提前预知当年的应税利润，应税利润是 $4N$+2 时，其中 N 为非负整数，可以进行应收款贴现，增加一个贴息，将应税利润减少到 $4N$+1，所得税将由 N+1 减少到 N。两种情况对比，贴现的操作可以合理避税，增加了企业的现金流，同时增加了当年的广告费用。

注意： 当年交税时间不在本年结束时，而在第一年结束投放第二年广告费时，税金连同所得税、长期贷款、长期贷款利息一并扣除。应避免在计算广告费用时，没计算所得税，导致投放广告时提示现金不足，无法投放广告。

4.1.6　长期贷款与短期贷款

1. 长贷与短贷的选择

长短贷款的方案取决于 CEO 在当年开始前的策划。企业应根据自己的规划来选择合适的贷款方式。从实战的角度分析，一般是先短后长，控制自己的权益。长贷一般是现金流不足以还短贷或投放广告时选择，但是也不排除要扩大生产或加大产品一季广告投放的原因。也有一些很特殊的策划，如一直借用长贷或一直借用短贷。选择短贷时，一定要控制好现金流。一定要做好全面预算；选择长贷时，要注意过多的财务费用会导致权益的下降。

2. 融资策略的制定

融资策略直接关系企业的经营。任何企业要想高速发展，壮大自己的实力，都必须进行合理融资。但是，企业在发展过程中都要经历不同的发展阶段，在每个发展阶段，其资金的需求特点也不同。因此，深入了解企业生命周期的特征，找出与之相适应的财务融资方式，为现代企业融资策略的制定和实施提供了一个很好的研究视角。很多初学者就是没有合理安排好贷款的融资策略，后期还不了贷款，造成现金流断裂，导致企业破产。

在分析融资策略之前，应综合考虑当前企业发展的特点和不同融资方式的优缺点，制定适合自己的融资策略，并时刻考虑企业环境的变化，及时进行策略调整，使融资策略与企业发展相适应，并促进企业的发展。

企业应该认真研究选择何种融资策略，重点考虑哪种融资方式能给企业带来最大的利益。若以负债融资为主，利用借来的钱能支付利息后还有很多盈利，此种情况下，借得越多就赚得越多；相反，如果赚的钱还不够支付利息，那么借得越多就亏得越多。根据财务杠杆效应，第二种方式可能会导致高的债务成本，甚至给企业带来财务危机。

3. 短贷的技巧

（1）短贷尽量分散。尽量在各季度分摊贷款，能推后的短贷尽可能推后，只要权益不掉，就可以用当季的短贷来偿还下一季的短贷，从而保证“以贷还贷”的策略顺利进行。有时预算不准确或者一步经营失误，贷款额度下降，就无法借入新的贷款来偿还下一季的贷款，导致现金流断裂，最后企业破产。

（2）如果利息是按四舍五入（根据规则设置，可能会有更改）计算，利率为 5% 时，借款额为 $20N+9$（N 为正整数）最好，“9”部分对应利息为 0.45，根据四舍五入规则，刚好可以不计入利息。

4. 长贷的技巧

如果开局就借入大量长贷，会使前期财务费用过高，影响企业的利润，造成企业发展缓慢甚至破产。

并不是所有的长贷都不能借用，长贷具有两个优势：第一，可以在年初用长贷来还当年开始的短贷，形成良好的现金流；第二，前期还款压力小，每年只需要还相应的长贷利息即可，剩下的大量资金用来扩大企业产能，争夺市场老大地位，研发新的产品，凭借着高产能和广告优势，企业很容易拥有控制权，从而获得较高的利润。

如果利息按四舍五入（根据规则设置，可能会有更改）计算，长贷利率一般为 10%，计算利息本金数为 $10N+4$（N 为正整数）最好，“4”部分对应利息为 0.4，根据四舍五入规则，刚好可以不计入利息。

4.1.7 原材料入库，下原料订单

企业应减少产品制造周期中可能存在的停工待料或有料待工等浪费资源或时间的现象。零存货管理要求企业在供、产、销三个环节上都做到没有库存储备量，即达到零存货。要达到零存货，就要求企业必须选择稳定、可靠的供应商，将所需的原材料、外购件等适时地送达生产现场交企业使用；各生产程序之间也不保存半成品，前一道生产程序应根据后一道生

产程序的加工要求，保质、保量生产，并适时地送达至后一道生产程序；在销售环节上也要做到没有产成品存货，要拓宽销售渠道，建立完备的销售体系，做到在最后一个生产程序保质、保量地加工出产成品后，就能够及时将产品销售出去。

企业实现零存货的好处主要表现在两个方面：一方面，零存货大大节省了原材料的保管、储存、领发手续，以及对原材料存货的确认和计价等方面的开支；另一方面，由于企业实现了零存货，产品成本不受期初存货成本结转的影响，这不仅可以大大简化产品成本的计算工作，而且有助于企业正确评价当期生产经营工作的质量和经营业绩。

在企业经营沙盘中，产品的物料结构基本是固定的，原材料采购的周期也是固定的，可以据此来确定企业的采购计划和生产计划，准确地计算出所需原材料的种类和相应的到货时间。

在企业无法根据市场变化来及时调整生产计划的情况下，手工线、柔性生产线就发挥了作用。企业可以利用手工或者柔性转产的特性来调整已有的生产计划，以应对市场不同的变化。

4.1.8　购买（租用）厂房

在市场很小、每家企业产能都差不多的情况下，购买厂房可以将流动资金的现金变成固定资产，节省了租金费用。

长期贷款利息是一年后付息，而租用厂房是当即付租金。在企业自有资金不足时，采用长贷购买厂房更为划算；若企业资金充足，则用短贷购买厂房更为划算。

年初开始，在拥有初始资金和贷款额度的情况下，企业不会出现资金紧张的情况。第一年年末的权益往往会影响第二年的贷款额度，所以第一年要节省不必要的费用支出，控制费用。如果第一年贷款买厂房，对于保住第一年权益是有很大帮助的。但是，如果第一年的摊子铺得过大，在贷款买厂房后又建生产线，则会出现现金不足、现金链断裂的情况。

厂房选择：在选择厂房时，企业要考虑大厂房、中厂房和小厂房这三种厂房哪种最为划算。从沙盘规则来看，小厂房是最划算的，但是小厂房限制了生产线的总规模。如果遇到市场需求量很大的情况，大厂房能够保证生产线不空产，这种情况选择大厂房对企业更为有利。

厂房处理：厂房处理有两种方式，一种是厂房贴现，另一种是厂房出售。厂房贴现是指直接出售厂房，如果厂房内含有生产线，则扣除相应租金。厂房出售是指将厂房卖出产生的应收款直接计入应收账款。这两种处理方式看似相同，但是由于贴现的账期不同，因此企业如果急需现金周转的话，建议使用厂房贴现，扣除相应租金，贴息则会以现金方式到账；如果企业资金充足，则建议租转买，节省租金，提升当年权益。

4.1.9　新建 / 在建 / 转产 / 变卖生产线

沙盘比赛精于计算，如果没有准确的数据作为决策支撑，那么作出的生产决策是无根据的，将会使企业的经营偏离最初的预设。以生产线的产能做一下横向对比，如表 4-8 所示。

表 4-8 生产线产能横向对比

名称	投资总额	安装周期	生产周期	总转产费用	转产周期	维修费	残值	折旧费	折旧时间
手工线	35W	0 季	2 季	0W	0 季	5W/ 年	5W	10W	3 年
租赁线	0W	0 季	1 季	20W	1 季	55W/ 年	-65W	0W	0 年
自动线	150W	3 季	1 季	20W	1 季	20W/ 年	30W	30W	5 年
柔性线	200W	4 季	1 季	0W	0 季	20W/ 年	40W	40W	5 年

1. 手工线和自动线

以自动线为基准，2 条手工线的产能之和等于 1 条自动线的产能，但是两条手工线的维修费用要比自动线少 10W。生产线的折旧时间相同，都设置为 5 年；两条手工线累计折旧 50W，自动线累计折旧 120W。在不考虑维修费用的情况下，建 2 条手工线比建 1 条自动线多出 70W 的收益，而且手工线没有安装周期，两条手工线可以比自动线多出 3 个产品。按照 P2 的价格来算，均价为 70W，毛利就是 40W。在不考虑维修费用的情况下，建 2 条手工线比建 1 条自动线多出了 190W 的利润。这样看来，建手工线会比建自动线划算。但是，如果算上厂房分摊的费用，大厂房 4 条线，按照租用的价格 40W 来算，每条生产线平摊的成本就是 10W。如果市场足够大的话，建 2 条自动线，完全可以赚回 190W 的利润；如果市场更大的话，可以建更多自动线的时候，选择自动线会比手工线更划算；如果市场不算很大，那么手工线则是一种很好的选择。当然，还可以考虑将两种生产线结合使用。

2. 柔性线和自动线

柔性线的购买价格比自动线多出了 50W。从规则中可以看出，柔性线的优势在于转产，假设转产 2 次，柔性线转产没有费用，没有转产周期，但自动线转产有一季度的停产周期，而且转产 1 次需要支付 20W 的费用。按照两种生产线 1 年可以生产 3 次来算，转产 2 次相当于少了两个产品，而且需要额外支付 20W 的费用。如果市场变化较多，则自动线就不能很好地发挥费用较低、产能大的优势，在这种情况下，柔性线更具优势。

3. 租赁线和自动线

租赁线是一种特殊的生产线，租赁线与柔性线、自动线的生产周期相同，但是又不同于自动线和柔性线。相比两种生产线，没有安装周期的租赁线，更适合于以销定产的方式，更适合多变的市场，前提是需要提前采购，做好充足的预算，且租赁线前三季并不需要很大的资金投入。但是，租赁线第四季需要支付高昂的维修费用，比自动线的维修多出 35W。如果扣除自动线的折旧费 30W，两者的费用相差 5W。如果生产线用 4 年的话，两者的费用相差 20W，而且租赁线无安装周期，适合多产品、多变的市场。租赁线的缺点是在最后成绩评定时，租赁线没有加分，无法进行加分项计算。租赁线适合前期快速扩充市场、后期舍弃租赁线而建设柔性线的竞赛策略。

4.1.10　紧急采购

很多沙盘新手认为紧急采购是亏本的买卖，只会增加费用，对于销售没有促进作用。但事实却恰恰相反，通过紧急采购，可以获得很多预料之外的订单。

竞单规则中，产品最高定价为成本的三倍，如果出现产能不够的情况，可以利用紧急采购弥补。紧急采购是立刻到货的，在产品交货期方面也具有优势。如果采用紧急采购，一定要确保当年现金流是可以支撑紧急采购的费用的；如果支撑不了的话，还是要避免紧急采购，以免造成不必要的损失。

4.1.11　订单交货

有时提前交付一张订单，企业可以省下一次甚至两次的贴息费用，从而减少不必要的财务费用。企业根据生产出货的数量进行拿单交货，但也要根据当年的现金流调整交货时间，让账期滞后的订单提前回款，以保证当年的建线、生产和广告投放。

4.1.12　产品研发投资

在一开始就进行产品研发，然后发现生产线不能生产，或者生产线建成后却发现研发产品跟不上，这种“丢了西瓜捡芝麻”的做法在各种沙盘比赛中经常发生。最好的状态是生产线、研发产品和原材料在同一时间到位，所有操作一起完成。

在表 4-9 中，P1 产品在第一年第三季度开始研发，而不是从第一季度开始研发的，如果有研发费用，最好延后交付。如果 P1 产品在第一季度开始研发，第三季度研发出来，除非新建手工线可以进行生产，否则没有生产线可以生产 P1 产品，导致虽然研发完成，但是没有生产线可以生产。P3 研发时间为五季，第一年第一季度开始研发，第二年第二季度可以生产，第一年第四季度采购原材料，第二年第一季度采购完成，第二年第二季原材料入库，新建生产线在第二年第二季度完成，刚好可以进行生产。

表 4-9　产品研发投资与生产线建设

项　目	第一年				第二年			
	Q1	Q2	Q3	Q4	Q1	Q2	Q3	Q4
P1 研发			-10W	-10W				
在建自动线		-50W	-50W	-50W				
购买原材料				1R1				
P3 研发	-10W	-10W	-10W	-10W	-10W			
在建自动线			-50W	-50W	-50W			
购买原材料				1R3，1R4	1R1			

4.1.13　贴现

贴现属于融资方式的一种。贴现不同于贷款，贷款是今年贷款，明年还息；贴现属于当年扣贴息，贴息会计入当年的财务费用，进而影响利润。但贴现也是有好处的，采用贴现方式，可以让企业的现金增多，从而换取足够的资金来进行市场开拓、广告投放、扩大产能等。

贴现和长贷的利息基本上都是一样的，第一、第二季度为 10%，第三、第四季度为 12.5%。

贴现不占用贷款额度，不会影响其他贷款的数量。主动贴现能让资金的使用更加灵活，但也会减少应收账款的额度。如果靠贴现循环现金流，将会产生很高的财务费用，影响企业的权益。所以，在选择融资方式的时候，一般情况下不考虑贴现。

4.1.14 季末对账

通过预算对账，可以及早发现问题、解决问题，避免产生不必要的损失。如果在季末结余很多现金，在投放过广告之后，下一年的预算根本不需要进行贷款，这样资金的利用率较低，不利于企业效益的提高。应该将多余的现金用于建设生产线、研发新产品、扩大产能，让可利用的现金滚动起来，提高资金的利用率，进而提高企业的效益。

4.1.15 违约罚款

在沙盘经营中，财务方面需要做到最优化，使利益最大化、损失最小化。拿到销售订单之后，应先确定是否需要紧急采购，将紧急采购的费用与违约的费用进行比较。如果违约的损失更小，但其产品数量符合数量要求，故意违约也是一种策略。

在确定是采用违约罚款还是采用紧急采购方式后，还需要确定柔性线先生产什么产品。在不影响交货期的情况下，生产安排有两个目标：一是尽量使每个季度的库存为零，二是平均价格高的单子尽量先交单。

在实际的操作中，还需要考虑订单的账期。一般来说，账期短的先交单，这样可以快速回款，减轻当年的贴现压力。

4.1.16 支付设备维护费 / 计提折旧

当生产线的净值等于残值时，不需要计提折旧，生产线可以继续使用，每年年末支付一定的维护费用。如果在年末之前把已经折旧完的生产线变卖，则不需要支付维护费用。如果比赛以权益作为最终得分项，可以出售已经折旧完的生产线，从而达到节省费用的目的；如果最后以系统得分项作为最终依据，则不要出售已经折旧完的生产线，否则会影响最终得分项。

4.1.17 商业间谍

商业间谍负责观察其他企业市场的生产运营情况，根据生产线类型、研发支出、原材料库存、产成品库存、在产品、库存现金、长期贷款、短期贷款等，推算其他企业的产品研发情况、生产线产能和财务状况。

商业间谍能否收集必要且准确的市场信息，是企业战略制定和执行的关键。根据收集到的其他企业的原材料变化、产品研发、生产线种类等信息，推算其在市场上的产品构成和生产能力，协助运营总监优化本企业的产品结构，以保证本企业在市场上的竞争优势。

4.2　单场竞赛实战

表 4-10　沙盘运营表

初始权益		第一季度	第二季度	第三季度	第四季度
年度规划（年初现金）					
贴现	1Q				
	2Q				
	3Q				
	4Q				
贴息					
信息费					
广告费					
应交税金					
长贷利息					
偿还长期贷款					
申请长贷					
季初现金					
还短期贷款					
支付利息					
申请短期贷款					
原材料入库					
购买 / 租用厂房					
新建 / 在建生产线					
生产线转产					
生产线变卖					
因生产紧急采购					
下一批生产					
更新应收款					
按订单交货（0 账期）					
产品研发					
厂房处理（包括租用）					
出售库存					
新市场开拓					
ISO 资格认证					
违约罚款					
设备维护费用					
支付行政管理费					
季末现金					

2015 年全国职业院校技能大赛总决赛 “沙盘模拟企业经营” 竞赛规则

一、参赛队员分工

比赛采取团队竞赛方式，每支参赛队由 4 名参赛选手和 1 名指导老师组成。每支参赛队模拟一家生产制造型企业，与其他参赛队模拟的同质企业在同一市场环境中展开企业经营竞争。参赛选手分别担任如下角色：总经理、财务总监、运营总监和营销总监。

二、运行方式及监督

本次大赛采用“新道新创业者电子沙盘系统”（以下简称“系统”）与实物沙盘和手工记录相结合的方式运作企业，即所有的决策和计划的执行在实物沙盘上进行，并进行手工台账记录，最后的运行确认在系统中进行，最终结果以系统为准。运行中的销售订货会在电子沙盘系统中进行，各队在本队计算机上参加销售订货会、交易活动，包括贷款、原材料入库、交货、应收账款贴现及回收，均在本队计算机上完成选单。

各参赛队只允许用主办方提供的计算机接入操作比赛系统，主办方提供计算机和录屏幕软件。比赛过程中，学生端必须启动录屏文件，全程录制经营过程，建议将每年的经营过程录制为一个独立的文件。一旦发生问题，以录屏结果为证，裁决争议。如果擅自停止录屏过程，按系统的实际运行状态执行。

在竞赛过程中，如有疑问，参赛选手应持“咨询”示意牌示意，项目裁判长应按照有关要求及时予以答疑。如遇设备或软件等发生故障，参赛选手应持“故障”示意牌示意。项目裁判长、技术人员等应及时予以解决。确因计算机软件或硬件故障，致使操作无法继续的，经项目裁判长确认，予以启用备用计算机。如遇身体不适，参赛选手应持“医务”示意牌示意，现场医务人员按应急预案救治。

比赛期间，带队老师不允许进入赛场，所有参赛队员不得使用手机与外界联系，计算机仅限于作为系统运行平台使用。参赛选手可以自制一些工具，但不得使用任何手段通过互联网与外界联系，否则取消参赛资格。

比赛期间计时的时间以本赛区所用服务器上的时间为准，赛前选手可以按照服务器时间调整自己计算机上的时间。

三、企业运营流程

企业运营流程建议按照运营流程表中列示的流程执行，比赛期间不能重新进行本年度的生产经营操作。

每年经营结束后，各参赛队需要提交纸质版资产负债表。如果不交，则视同报表错误一次，并扣分（详见“13. 罚分细则”），但不影响经营。

注意： 数值为 0 时必须填写阿拉伯数字“0”，不填写数字视同填报错误。

四、竞赛规则

1. 融资（见表 4-11）

表 4-11　融资规则表

贷款类型	贷款时间	贷款额度	年利息	还款方式
长期贷款	每年年初	所有长贷和短贷之和不能超过上年权益的 3 倍	10%	年初付息，到期还本
短期贷款	每季度初		5%	到期一次还本付息
资金贴现	任何时间	视应收款额	10%（1 季、2 季），12.5%（3 季、4 季）	变现时贴息，可对 1、2 季应收联合贴现（3、4 季同理）
库存拍卖	原材料八折，成品按成本价			

规则说明：

（1）长期贷款和短期贷款信用额度。长短期贷款的总额度（包括已借但未到还款期的贷款）为上年权益的 3 倍，长期贷款必须为 10M 的正整数倍，短期贷款必须为 20M 的正整数倍。例如，第一年所有者权益为 40M，第一年已借 5 年期长贷为 50M（未申请短期贷款），则第二年可贷款总额度为 70M（40 × 3-50）。

（2）贷款规则。

a. 长期贷款每年必须支付利息，到期归还本金。长期贷款最多可贷 5 年。

b. 结束年时，不要求归还没有到期的各类贷款。

c. 短期贷款年限为 1 年，如果某一季度有短期贷款需要归还，且同时还拥有贷款额度时，必须先归还到期的短期贷款，才能申请新的短期贷款。

d. 所有的贷款不允许提前还款。

e. 企业间不允许私自融资，只允许企业向银行贷款，不允许银行提供高利贷。

（3）出售库存规则。

a. 原材料 8 折出售，向下取整。例如，出售 1 个原材料为 0.8M，向下取整后则没有资金到账，出售 2 个原材料为 1.6M，向下取整后获得 1M。

b. 出售产成品按产品的成本价计算。例如，出售 1 个 P2 获得 3M。

2. 厂房（见表 4-12）

表 4-12　购买（租用）厂房规则表

厂　房	买　价	租　金	售　价	容　量
大厂房	40M	5M/ 年	40M	6 条
小厂房	30M	3M/ 年	30M	4 条

规则说明：

a. 租用或购买厂房可以在任何季度进行。如果决定租用厂房或者厂房买转租，租金在开始租用的季度交付，即从“现金”处取等量钱币，放在“租金费用”处。一年租期到期时，如果决定续租，需要重复以上过程。

b. 厂房租入后，一年后可作租转买、退租等处理。例如，第一年第一季度租厂房，则以后每一年的第一季度末“厂房处理”均可“租转买”。如果到期没有选择“租转买”，系统自动做续租处理，租金在当季结束时和行政管理费一并扣除。

c. 要新建生产线，必须购买或租用厂房，没有租用或购买厂房，则不能新建生产线。

d. 如果厂房中没有生产线，可以选择厂房退租。

e. 厂房出售得到 4 个账期的应收款，紧急情况下可进行厂房贴现（4 季贴现），直接得到现金。如果厂房中有生产线，同时要扣除租金。

3. 生产线（见表 4-13）

表 4-13　生产线费用表

生产线	购置费	安装周期	生产周期	总转产费	转产周期	维修费	残　值
超级手工线	5M	无	2Q	无	无	1M/ 年	1M
自动线	15M	3Q	1Q	2M	1Q	2M/ 年	3M
柔性线	20M	4Q	1Q	无	无	2M/ 年	4M
租赁线	0M	无	1Q	2M	1Q	6M/ 年	-6M

（1）在系统中新建生产线，需先选择厂房，然后选择生产线的类型，特别要确定生产产品的类型（产品标识必须摆上）。生产产品一经确定，本生产线所生产的产品便不能更换；如需要更换，应在建成后进行转产处理。

（2）每次操作可建一条生产线，同一季度可重复操作多次，直至生产线位置全部铺满。自动线和柔性线待最后一期投资到位后，必须到下一季度才算安装完成，允许投入使用；手工线当季购入（或租入），当季即可使用。

（3）新建生产线一经确认，即刻进入第一期在建，当季便自动扣除现金。

（4）不论何时出售生产线，从生产线净值中取出相当于残值的部分计入“现金”，净值与残值之差计入“损失”。

（5）只有空置的且已经建成的生产线方可转产。

（6）当年建成的生产线、转产中生产线都要交纳维修费，已出售的生产线和新购正在安装的生产线不交纳维护费。

（7）生产线不允许在不同厂房间移动。

当年建成的生产线当年不提折旧。当净值等于残值时生产线不再计提折旧，但可以继续使用。租赁线不提折旧。按平均年限法计算的生产线折旧，如表 4-14 所示。

表 4-14　生产线折旧表（平均年限法）

生产线	购置费	残值	建成第 1 年	建成第 2 年	建成第 3 年	建成第 4 年	建成第 5 年
超级手工线	5M	1M	0	1M	1M	1M	1M
自动线	15M	3M	0	3M	3M	3M	3M
柔性线	20M	4M	0	4M	4M	4M	4M

4. 产品研发

要想生产某种产品，先要获得该产品的生产许可证。而要获得生产许可证，则必须经过产品研发。P1 产品、P2 产品、P3 产品和 P4 产品都需要研发后，才能获得生产许可。研发需要分期投入研发费用，投资规则如表 4-15 所示。

表 4-15　投资规则表

名　称	开发费用	开发总额	开发周期	加工费	直接成本	产品组成
P1	1M/ 季	2M	2 季	1M/ 个	2M/ 个	R1
P2	1M/ 季	4M	4 季	1M/ 个	3M/ 个	R2+R3
P3	1M/ 季	5M	5 季	1M/ 个	4M/ 个	R1+R3+R4
P4	2M/ 季	12M	6 季	1M/ 个	5M/ 个	R2+R3+2R4

产品研发可以中断或终止，但不允许超前或集中投入。已投资的研发费不能回收。如果开发没有完成，系统不允许开工生产。

5. ISO 资格认证（见表 4-16）

表 4-16　ISO 资格认证规则表

ISO 类型	每年研发费用	年　限	全部研发费用
ISO 9000	1M/ 年	2 年	2M
ISO 14000	2M/ 年	2 年	4M

企业无须交纳维护费，中途停止使用时，也可继续拥有资格并在以后年份中使用。ISO 资格认证只有在第四季度末才可以操作。

6. 市场开拓（见表 4-17）

表 4-17　市场开拓规则表

市　场	每年开拓费	开拓年限	全部开拓费用
本地	1M/ 年	1 年	1M
区域	1M/ 年	1 年	1M
国内	1M/ 年	2 年	2M
亚洲	1M/ 年	3 年	3M
国际	1M/ 年	4 年	4M

企业无须交纳维护费，中途停止使用时，也可继续拥有资格并在以后年份中使用。市场开拓只有在第四季度末才可以操作。投资中断后，已投入的资金依然有效。

7. 原料（见表 4-18）

名　称	购买价格	提前期
R1	1M/ 个	1 季
R2	1M/ 个	1 季
R3	1M/ 个	2 季
R4	1M/ 个	2 季

（1）没有下订单的原材料不能采购入库。

（2）所有预订的原材料到期必须全额现金购买。

（3）紧急采购时，原料是直接成本的 2 倍，即 2M/ 个。在利润表中，直接成本仍然按照标准成本记录，紧急采购多付出的成本计入综合费用表中的“损失”中。

8. 选单规则

在一个回合中，每投放 1M 广告费，理论上将获得一次选单机会，此后每增加 2M，理论上多一次选单机会。比如，本地 P1 投入 3M 表示最多有两次选单机会，但是能否获得两次机会，取决于市场需求及竞争态势。

选单时，先以当年本市场本产品广告额投放大小的顺序依次选单；如果两队本市场本产品的广告额相同，则看本市场广告投放总额；如果本市场广告总额也相同，则看上年中本市场销售排名；如仍无法决定，先投广告者优先选单。第一年无订单。

系统中将某市场某产品的选单过程称为回合，每个回合的选单可能有若干轮。每轮选单中，各队按照排定的顺序依次选单，但只能选一张订单。当所有队都选完一次后，若再有订单，开始进行第二轮选单，依此类推，直到所有订单被选完或所有队退出选单为止，本回合结束。当轮到某一队选单时，系统以倒计时的形式给出本次选单的剩余时间，每次选单的时间上限为 45 秒，即在 45 秒内必须作出选择（选择订单或放弃），否则系统自动视为放弃选择订单。无论是主动放弃还是超时，都将视为退出本市场本产品的选单，在本回合中，不得再选单。放弃一个产品的选单，不影响本市场其他产品的选单。

注意：

（1）出现“确认”框时，要在倒计时大于 5 秒之前按下“确认”按钮，否则可能造成选单无效。

（2）在某细分市场（如本地 P1）有多次选单机会，只要放弃一次，则视同放弃该细分市场所有选单机会。

9. 按订单交货和更新应收款

订单必须在规定季度结束前交货或提前交货，应收账期从交货季开始算起。参赛队需要在应收款收回系统中逐笔填写收回金额。

10. 取整规则（均精确或舍到个位整数）

（1）违约金扣除向下取整（违约订单总价合计扣除）。

（2）库存拍卖所得现金向下取整。

（3）贴现费用向上取整。

（4）扣税向下取整。

11. 重要参数（见表 4-19）

表 4-19　重要参数表

项　目	参　数	项　目	参　数
违约扣款百分比	20%	最高长贷年限	5 年
库存折价率（产成品）	100%	库存折价率（原材料）	80%
长期贷款利率	10%	短期贷款利率	5%
贷款额倍数	3 倍	初始现金	60M
贴现率（1、2 期）	10%	贴现率（3、4 期）	12.5%
管理费	1M/ 季	信息费	1M
紧急采购倍数（产成品）	3 倍	紧急采购倍数（原料）	2 倍
所得税率	25%	最大经营年限	6 年
选单时间	45 秒	首位补单时间	15 秒
间谍有效时间	600 秒	间谍使用间隔	3600 秒
市场老大	无	竞拍	无

注意：

（1）每个市场的每种产品在选单时，第一个队选单时间为 60 秒，自第二个队起选单时间设为 45 秒。

（2）初始资金为 60M。

12. 竞赛排名

第六年经营结束后，将根据各队的所有者权益由高到低进行排名。

注意： 如有若干队权益相同，则参照第六年经营结束时间，先结束第六年经营的队伍排名在前。

13. 罚分细则

（1）运行超时扣分。运行超时有两种情况：一种是不能在规定时间完成广告投放（广告不可以提前投放）；另一种是不能在规定时间完成当年经营（以点击系统中“当年结束”按钮并确认为准）。

处罚：按总分 1 个权益 / 分钟（不满 1 分钟算 1 分钟）计算罚分，最多不能超过 10 分钟。如果到 10 分钟后还不能完成相应的运行，将取消其继续参赛的资格。

（2）报表错误扣分。按规定时间上报报表，必须是账实相符，如果上交的报表与系统自动生成的报表对照有误，在总得分中扣罚 3 个权益 / 次，并以系统提供的报表为准。

注意： 对上交报表的时间有规定，延误交报表即视为错误一次。由运营超时引发延误交报表，视同报表错误并扣分。

（3）盘面不实扣分。考虑到商业情报的获取，每年运行完成后，必须按照当年年末结束状态，将运作结果摆在手工沙盘上，以便现场各队收集情报用。各队可向其他参赛队提问（被问者要如实回答）。如果盘面与报表不符，每次错误扣 1 个权益。

（4）其他违规扣分。在运行过程中下列情况属违规：对裁判正确的判罚不服从；在比赛期间擅自到其他赛场走动；指导教师擅自进入比赛现场；其他严重影响比赛正常进行的活动。如有以上行为者，扣除该队总得分的 10 个权益，所有扣分均在第六年结束后扣除。

14. 破产处理

当参赛队权益为负数（指当年结束，系统生成的资产负债表权益为负数）或现金断流时（权益和现金可以为零），企业破产。参赛队破产后，直接退出比赛。

五、其他说明

1. 本次比赛中，各企业之间不允许进行任何交易，包括现金及应收款的流通，原材料、产成品的买卖等。

2. 企业每年的运营时间以裁判现场公布的时间为准，如果发生特殊情况，经裁判组同意后可作适当调整。

3. 比赛过程中，学生端必须启动录屏软件，用于全程录制经营过程，把每年的经营过程录制为一个独立的文件。一旦发生问题，以录屏结果为证，裁决争议。如果擅自停止录屏过程，按教师端服务器系统的实际运行状态执行。

4. 比赛期间，每组的计算机不允许连接外网，违者直接取消比赛资格。

5. 每年经营结束后，将有 15 分钟看盘时间，看盘期间各队至少要留一名选手在组位，否则后果自负。看盘期间各队必须保证盘面真实有效，包括贷款、原材料订单、当年所有费用、生产线标识、库存产品及原材料、厂房、现金、应收账款、生产线净值、产品生产资格、市场准入、ISO 认证等。

6. 比赛中如遇沙盘教具不够用，可在便签纸上用数字代替。

7. 本规则解释权归大赛裁判组。

2015 年全国职业院校技能大赛总决赛
“沙盘模拟企业经营” 市场预测

表 4-20　需求量表

年 份	市 场	P1	P2	P3	P4
第二年	本地	90	74	51	0
	区域	81	80	44	0
第三年	本地	77	79	44	42
	区域	77	51	48	39
	国内	79	70	54	32
第四年	本地	116	58	47	0
	区域	92	72	51	56
	国内	94	78	0	70
	亚洲	0	0	48	62
第五年	本地	39	35	33	32
	区域	50	33	27	27
	国内	27	30	30	28
	亚洲	33	30	30	22
	国际	76	44	46	28
第六年	本地	103	72	0	0
	区域	0	0	80	0
	国内	0	58	70	70
	亚洲	0	90	0	64
	国际	150	0	48	52

表 4-21 均价表

年 份	市 场	P1	P2	P3	P4
第二年	本地	5.32	7.43	9.04	0
	区域	5.47	7.56	9.45	0
第三年	本地	5.04	6.87	8.09	10.17
	区域	4.83	6.92	8.06	10.18
	国内	5.03	7.04	8.76	10.22
第四年	本地	4.88	7.55	8.72	0
	区域	4.90	7.03	9.04	11.63
	国内	5.07	7.36	0	11.56
	亚洲	0	0	9.17	12.65
第五年	本地	5.31	8.09	8.70	11.00
	区域	5.62	7.00	8.56	10.33
	国内	5.48	7.37	8.60	10.21
	亚洲	5.12	7.60	8.27	10.41
	国际	5.29	7.45	8.52	12.04
第六年	本地	5.61	7.51	0	0
	区域	0	0	8.75	0
	国内	0	7.79	8.94	11.81
	亚洲	0	7.73	0	12.02
	国际	5.83	0	11.00	13.15

表 4-22 订单数量表

年 份	市 场	P1	P2	P3	P4
第二年	本地	24	23	19	0
	区域	25	22	17	0
第三年	本地	22	22	15	14
	区域	20	16	15	13
	国内	20	21	15	12
第四年	本地	28	18	18	0
	区域	23	21	20	17
	国内	23	23	0	23
	亚洲	0	0	20	20

续表

年 份	市 场	P1	P2	P3	P4
第五年	本地	13	11	11	13
	区域	14	11	10	10
	国内	10	12	11	10
	亚洲	10	10	11	9
	国际	21	14	16	11
第六年	本地	23	20	0	0
	区域	0	0	24	0
	国内	0	15	20	20
	亚洲	0	20	0	17
	国际	32	0	16	13

拿到手工表后，初学者往往不知道从何入手，都是按顺序从年度规划会议开始到第四季度本年结束。在拿到手工表之前，需要了解本次沙盘比赛的规则，并牢记此规则，看清一些费用的变化，不要因为规则问题导致报表不平，最后被扣分。这里以 2015 年全国职业院校技能大赛总决赛沙盘模拟企业经营规则进行说明。

1. 关键信息筛选

通过规则，可以得出以下关键信息。

（1）开局 60M。

（2）贷款倍数为 3 倍。

（3）一共两间厂房，一大一小，总共 10 条生产线。

（4）P1 产品 1M 一季，共研发 2 季，产品组成为 R1；P2 产品 1M 一季，共研发 4 季，产品组成为 R2+R3；P3 产品 1M 一季，共研发 5 季，产品组成为 R1+R3+R4；P4 产品 2M 一季，共研发 6 季，产品组成为 R2+R3+2R4。

（5）原料提前期，R1、R2 为提前 1 季采购，R3、R4 为提前 2 季采购。

（6）长贷利息为 10%，短贷利息为 5%。贴现率 1 期、2 期为 10%，3 期、4 期为 12.5%。

（7）管理费为 1M 一季。

2. 填写手工表

了解了以上信息后，我们就可以开始填写手工表，做手工表一定要有耐心，可先用铅笔进行填写，方便错误时擦除，不要使用碳素笔填写。下面以五条自动线生产 P1 产品为例，介绍手工表的填写步骤。

（1）填写固定的费用，包括起始资金、管理费、新建生产线、生产费、研发费、厂房租金、市场开拓、ISO 研发（没有该项请略过）。

（2）填写可变的费用，更新应收款，申请短期贷款。

表 4-23　第一年的现金流量表

初始权益	60	第一季度	第二季度	第三季度	第四季度
年度规划（年初现金）		60			
贴现	1Q				
	2Q				
	3Q				
	4Q				
贴息					
信息费					
广告费					
应交税金					
长贷利息					
偿还长期贷款					
申请长贷					
季初现金		60	59	27	29
还短期贷款					
支付利息					
申请短期贷款				+29	+29
原材料入库					
购买 / 租用厂房			-5		
新建 / 在建生产线			-25	-25	-25
生产线转产					
生产线变卖					
因生产紧急采购					
下一批生产					
更新应收款					
按订单交货（0 账期）					
产品研发			-1	-1	-1
厂房处理（包括租用）					
出售库存					
新市场开拓					-5
ISO 资格认证					-3
违约罚款					
设备维护费用					
支付行政管理费		-1	-1	-1	-1
计提折旧					
季末现金		59	27	29	23

表 4-24　第二年的现金流量表

初始权益	60	第一季度	第二季度	第三季度	第四季度
年度规划（年初现金）		23			
贴现	1Q				
	2Q				
	3Q				
	4Q				
贴息					
信息费					
广告费		−11			
应交税金					
长贷利息					
偿还长期贷款					
申请长贷					
季初现金		12	29	41	34
还短期贷款				−30	−30
支付利息					
申请短期贷款		+29	+29	+29	+29
原材料入库		−5	−5	−5	−5
购买 / 租用厂房					
新建 / 在建生产线					
生产线转产					
生产线变卖					
因生产紧急采购					
下一批生产		−5	−5	−5	−5
更新应收款				+6	+20
按订单交货（0 账期）					
产品研发		−1	−1	−1	−1
厂房处理（包括租用）			−5		
出售库存					
新市场开拓					−3
ISO 资格认证					−3
违约罚款					
设备维护费用					−10
支付行政管理费		−1	−1	−1	−1
计提折旧					
季末现金		29	41	34	25

表 4-25　第三年的现金流量表

初始权益	60	第一季度	第二季度	第三季度	第四季度
年度规划（年初现金）		29			
贴现	1Q				
	2Q				
	3Q				
	4Q				
贴息					
信息费					
广告费					
应交税金					
长贷利息					
偿还长期贷款					
申请长贷					
季初现金					
还短期贷款		−30	−30	−30	−30
支付利息					
申请短期贷款					
原材料入库		−5	−5	−5	−5
购买 / 租用厂房					
新建 / 在建生产线					
生产线转产					
生产线变卖					
因生产紧急采购					
下一批生产		−5	−5	−5	−5
更新应收款		+15		+19	
按订单交货（0 账期）					
产品研发					
厂房处理（包括租用）			−5		
出售库存					
新市场开拓					−2
ISO 资格认证					
违约罚款					
设备维护费用					−10
支付行政管理费		−1	−1	−1	−1
计提折旧					（15）
季末现金					

附录 1　手工表

企业经营过程记录表

表 1　起　始　年

企业经营流程 请按顺序执行下列各项操作	每执行完一项操作，CEO 请在相应的方格内打钩 财务总监（助理）在方格中填写现金收支情况			
新年度规划会议				
参加订货会 / 登记销售订单				
制订新年度计划				
支付应付税				
季初现金盘点（填写余额）				
更新短期贷款 / 还本付息 / 申请短期贷款（不含紧急贷款）				
更新应付款 / 归还应付款				
原材料入库 / 更新原料订单				
下原料订单				
更新生产 / 完工入库				
投资新生产线 / 变卖生产线 / 生产线转产				
向其他企业购买原材料 / 出售原材料				
开始下一批生产				
更新应收款 / 应收款收现				
出售厂房				
向其他企业购买成品 / 出售成品				
按订单交货				
产品研发投资				
支付行政管理费				
其他现金收支情况登记				
支付利息 / 更新长期贷款 / 申请长期贷款				
支付设备维护费				
支付租金 / 购买厂房				
计提折旧				
新市场开拓 /ISO 资格认证投资				
结账				
现金收入合计				
现金支出合计				
期末现金对账（填写余额）				

表 2　订单登记表

订单号											合　计
市场											
产品											
数量											
账期											
销售额											
成本											
毛利											
未售											

表 3　产品核算统计表

项　目	P1	P2	P3	P4	合计
数量					
销售额					
成本					
毛利					

表 4　综合管理费用明细表

单位：百万

项　目	金　额	备　注
管理费		
广告费		
保养费		
租金		
转产费		
市场准入开拓		□区域　□国内　□亚洲　□国际
ISO 资格认证		□ ISO 9000　□ ISO 14000
产品研发		P2（　）　P3（　）　P4（　）
其他		
合计		

表 5　利　润　表

项　目	上　年　数	本　年　数
销售收入	35	
直接成本	12	
毛利	23	
综合费用	11	
折旧前利润	12	
折旧	4	
支付利息前利润	8	
财务收入 / 支出	4	
其他收入 / 支出		
税前利润	4	
所得税	1	
净利润	3	

表 6　资产负债表

资　产	期初数	期末数	负债和所有者权益	期初数	期末数
流动资产：			负债：		
现金	20		长期负债	40	
应收款	15		短期负债		
在制品	8		应付账款		
成品	6		应交税金	1	
原料	3		一年内到期的长期负债		
流动资产合计	52		负债合计	41	
固定资产：			所有者权益：		
土地和建筑	40		股东资本	50	
机器与设备	13		利润留存	11	
在建工程			年度净利	3	
固定资产合计	53		所有者权益合计	64	
资产总计	105		负债和所有者权益总计	105	

表7 第 一 年

企业经营流程 请按顺序执行下列各项操作	每执行完一项操作，CEO 请在相应的方格内打钩 财务总监（助理）在方格中填写现金收支情况			
新年度规划会议				
参加订货会 / 登记销售订单				
制订新年度计划				
支付应付税				
季初现金盘点（填写余额）				
更新短期贷款 / 还本付息 / 申请短期贷款（不含紧急贷款）				
更新应付款 / 归还应付款				
原材料入库 / 更新原料订单				
下原料订单				
更新生产 / 完工入库				
投资新生产线 / 变卖生产线 / 生产线转产				
向其他企业购买原材料 / 出售原材料				
开始下一批生产				
更新应收款 / 应收款收现				
出售厂房				
向其他企业购买成品 / 出售成品				
按订单交货				
产品研发投资				
支付行政管理费				
其他现金收支情况登记				
支付利息 / 更新长期贷款 / 申请长期贷款				
支付设备维护费				
支付租金 / 购买厂房				
计提折旧				
新市场开拓 /ISO 资格认证投资				
结账				
现金收入合计				
现金支出合计				
期末现金对账（填写余额）				

表 8　现金预算表

项　目	1	2	3	4
期初库存现金				
支付上年应交税				
市场广告投入				
贴现费用				
利息（短期贷款）				
支付到期短期贷款				
原料采购支付现金				
转产费用				
生产线投资				
工人工资				
产品研发投资				
收到现金前的所有支出				
应收款到期				
支付管理费用				
利息（长期贷款）				
支付到期长期贷款				
设备维护费用				
租金				
购买新建筑				
市场开拓投资				
ISO 认证投资				
其他				
库存现金余额				

要点记录

第一季度：________________________________

第二季度：________________________________

第三季度：________________________________

第四季度：________________________________

年底小结：________________________________

表 9　订单登记表

订单号											合　计
市场											
产品											
数量											
账期											
销售额											
成本											
毛利											
未售											

表 10　产品核算统计表

项　目	P1	P2	P3	P4	合　计
数量					
销售额					
成本					
毛利					

表 11　综合管理费用明细表

单位：百万

项　目	金　额	备　注
管理费		
广告费		
保养费		
租金		
转产费		
市场准入开拓		□区域　□国内　□亚洲　□国际
ISO 资格认证		□ ISO 9000　□ ISO 14000
产品研发		P2（　）　P3（　）　P4（　）
其他		
合计		

表12 利 润 表

项 目	上 年 数	本 年 数
销售收入		
直接成本		
毛利		
综合费用		
折旧前利润		
折旧		
支付利息前利润		
财务收入 / 支出		
其他收入 / 支出		
税前利润		
所得税		
净利润		

表13 资产负债表

资 产	期初数	期末数	负债和所有者权益	期初数	期末数
流动资产：			负债：		
现金			长期负债		
应收款			短期负债		
在制品			应付账款		
成品			应交税金		
原料			一年内到期的长期负债		
流动资产合计			负债合计		
固定资产：			所有者权益：		
土地和建筑			股东资本		
机器与设备			利润留存		
在建工程			年度净利		
固定资产合计			所有者权益合计		
资产总计			负债和所有者权益总计		

表14 第 二 年

企业经营流程 请按顺序执行下列各项操作	每执行完一项操作，CEO 请在相应的方格内打钩 财务总监（助理）在方格中填写现金收支情况			
新年度规划会议				
参加订货会 / 登记销售订单				
制订新年度计划				
支付应付税				
季初现金盘点（填写余额）				
更新短期贷款 / 还本付息 / 申请短期贷款（不含紧急贷款）				
更新应付款 / 归还应付款				
原材料入库 / 更新原料订单				
下原料订单				
更新生产 / 完工入库				
投资新生产线 / 变卖生产线 / 生产线转产				
向其他企业购买原材料 / 出售原材料				
开始下一批生产				
更新应收款 / 应收款收现				
出售厂房				
向其他企业购买成品 / 出售成品				
按订单交货				
产品研发投资				
支付行政管理费				
其他现金收支情况登记				
支付利息 / 更新长期贷款 / 申请长期贷款				
支付设备维护费				
支付租金 / 购买厂房				
计提折旧				
新市场开拓 /ISO 资格认证投资				
结账				
现金收入合计				
现金支出合计				
期末现金对账（填写余额）				

表 15　现金预算表

项　目	1	2	3	4
期初库存现金				
支付上年应交税				
市场广告投入				
贴现费用				
利息（短期贷款）				
支付到期短期贷款				
原料采购支付现金				
转产费用				
生产线投资				
工人工资				
产品研发投资				
收到现金前的所有支出				
应收款到期				
支付管理费用				
利息（长期贷款）				
支付到期长期贷款				
设备维护费用				
租金				
购买新建筑				
市场开拓投资				
ISO 认证投资				
其他				
库存现金余额				

要点记录

第一季度：________________________________

第二季度：________________________________

第三季度：________________________________

第四季度：________________________________

年底小结：________________________________

表 16　订单登记表

订单号											合　计
市场											
产品											
数量											
账期											
销售额											
成本											
毛利											
未售											

表 17　产品核算统计表

项　目	P1	P2	P3	P4	合　计
数量					
销售额					
成本					
毛利					

表 18　综合管理费用明细表

单位：百万

项　目	金　额	备　注
管理费		
广告费		
保养费		
租金		
转产费		
市场准入开拓		□区域　□国内　□亚洲　□国际
ISO 资格认证		□ ISO 9000　□ ISO 14000
产品研发		P2（　）　P3（　）　P4（　）
其他		
合计		

表19 利 润 表

项 目	上 年 数	本 年 数
销售收入		
直接成本		
毛利		
综合费用		
折旧前利润		
折旧		
支付利息前利润		
财务收入 / 支出		
其他收入 / 支出		
税前利润		
所得税		
净利润		

表20 资产负债表

资 产	期初数	期末数	负债和所有者权益	期初数	期末数
流动资产：			负债：		
现金			长期负债		
应收款			短期负债		
在制品			应付账款		
成品			应交税金		
原料			一年内到期的长期负债		
流动资产合计			负债合计		
固定资产：			所有者权益：		
土地和建筑			股东资本		
机器与设备			利润留存		
在建工程			年度净利		
固定资产合计			所有者权益合计		
资产总计			负债和所有者权益总计		

表21 第 三 年

企业经营流程 请按顺序执行下列各项操作	每执行完一项操作，CEO 请在相应的方格内打钩 财务总监（助理）在方格中填写现金收支情况			
新年度规划会议				
参加订货会 / 登记销售订单				
制定新年度计划				
支付应付税				
季初现金盘点（请填余额）				
更新短期贷款 / 还本付息 / 申请短期贷款（不含紧急贷款）				
更新应付款 / 归还应付款				
原材料入库 / 更新原料订单				
下原料订单				
更新生产 / 完工入库				
投资新生产线 / 变卖生产线 / 生产线转产				
向其他企业购买原材料 / 出售原材料				
开始下一批生产				
更新应收款 / 应收款收现				
出售厂房				
向其他企业购买成品 / 出售成品				
按订单交货				
产品研发投资				
支付行政管理费				
其他现金收支情况登记				
支付利息 / 更新长期贷款 / 申请长期贷款				
支付设备维护费				
支付租金 / 购买厂房				
计提折旧				
新市场开拓 /ISO 资格认证投资				
结账				
现金收入合计				
现金支出合计				
期末现金对账（请填余额）				

表 22　现金预算表

项　目	1	2	3	4
期初库存现金				
支付上年应交税				
市场广告投入				
贴现费用				
利息（短期贷款）				
支付到期短期贷款				
原料采购支付现金				
转产费用				
生产线投资				
工人工资				
产品研发投资				
收到现金前的所有支出				
应收款到期				
支付管理费用				
利息（长期贷款）				
支付到期长期贷款				
设备维护费用				
租金				
购买新建筑				
市场开拓投资				
ISO 认证投资				
其他				
库存现金余额				

要点记录

第一季度：____________________

第二季度：____________________

第三季度：____________________

第四季度：____________________

年底小结：____________________

表 23　订单登记表

订单号											合　计
市场											
产品											
数量											
账期											
销售额											
成本											
毛利											
未售											

表 24　产品核算统计表

项　目	P1	P2	P3	P4	合　计
数量					
销售额					
成本					
毛利					

表 25　综合管理费用明细表

单位：百万

项　目	金　额	备　注
管理费		
广告费		
保养费		
租金		
转产费		
市场准入开拓		□区域　□国内　□亚洲　□国际
ISO 资格认证		□ ISO 9000　□ ISO 14000
产品研发		P2（　）　P3（　）　P4（　）
其他		
合计		

表 26 利 润 表

项 目	上 年 数	本 年 数
销售收入		
直接成本		
毛利		
综合费用		
折旧前利润		
折旧		
支付利息前利润		
财务收入 / 支出		
其他收入 / 支出		
税前利润		
所得税		
净利润		

表 27 资产负债表

资 产	期初数	期末数	负债和所有者权益	期初数	期末数
流动资产：			负债：		
现金			长期负债		
应收款			短期负债		
在制品			应付账款		
成品			应交税金		
原料			一年内到期的长期负债		
流动资产合计			负债合计		
固定资产：			所有者权益：		
土地和建筑			股东资本		
机器与设备			利润留存		
在建工程			年度净利		
固定资产合计			所有者权益合计		
资产总计			负债和所有者权益总计		

表28 第 四 年

企业经营流程 请按顺序执行下列各项操作	每执行完一项操作，CEO 请在相应的方格内打钩 财务总监（助理）在方格中填写现金收支情况			
新年度规划会议				
参加订货会 / 登记销售订单				
制定新年度计划				
支付应付税				
季初现金盘点（请填余额）				
更新短期贷款 / 还本付息 / 申请短期贷款（不含紧急贷款）				
更新应付款 / 归还应付款				
原材料入库 / 更新原料订单				
下原料订单				
更新生产 / 完工入库				
投资新生产线 / 变卖生产线 / 生产线转产				
向其他企业购买原材料 / 出售原材料				
开始下一批生产				
更新应收款 / 应收款收现				
出售厂房				
向其他企业购买成品 / 出售成品				
按订单交货				
产品研发投资				
支付行政管理费				
其他现金收支情况登记				
支付利息 / 更新长期贷款 / 申请长期贷款				
支付设备维护费				
支付租金 / 购买厂房				
计提折旧				
新市场开拓 /ISO 资格认证投资				
结账				
现金收入合计				
现金支出合计				
期末现金对账（请填余额）				

表29　现金预算表

项　目	1	2	3	4
期初库存现金				
支付上年应交税				
市场广告投入				
贴现费用				
利息（短期贷款）				
支付到期短期贷款				
原料采购支付现金				
转产费用				
生产线投资				
工人工资				
产品研发投资				
收到现金前的所有支出				
应收款到期				
支付管理费用				
利息（长期贷款）				
支付到期长期贷款				
设备维护费用				
租金				
购买新建筑				
市场开拓投资				
ISO 认证投资				
其他				
库存现金余额				

要点记录

第一季度：________________

第二季度：________________

第三季度：________________

第四季度：________________

年底小结：________________

表 30　订单登记表

订单号											合　计
市场											
产品											
数量											
账期											
销售额											
成本											
毛利											
未售											

表 31　产品核算统计表

项　目	P1	P2	P3	P4	合　计
数量					
销售额					
成本					
毛利					

表 32　综合管理费用明细表

单位：百万

项　目	金　额	备　注
管理费		
广告费		
保养费		
租金		
转产费		
市场准入开拓		□区域　□国内　□亚洲　□国际
ISO 资格认证		□ ISO 9000　□ ISO 14000
产品研发		P2（　　）　P3（　　）　P4（　　）
其他		
合计		

表 33　利　润　表

项　目	上　年　数	本　年　数
销售收入		
直接成本		
毛利		
综合费用		
折旧前利润		
折旧		
支付利息前利润		
财务收入 / 支出		
其他收入 / 支出		
税前利润		
所得税		
净利润		

表 34　资产负债表

资　产	期初数	期末数	负债和所有者权益	期初数	期末数
流动资产：			负债：		
现金			长期负债		
应收款			短期负债		
在制品			应付账款		
成品			应交税金		
原料			一年内到期的长期负债		
流动资产合计			负债合计		
固定资产：			所有者权益：		
土地和建筑			股东资本		
机器与设备			利润留存		
在建工程			年度净利		
固定资产合计			所有者权益合计		
资产总计			负债和所有者权益总计		

表 35　第　五　年

企业经营流程 请按顺序执行下列各项操作	每执行完一项操作，CEO 请在相应的方格内打钩 财务总监（助理）在方格中填写现金收支情况			
新年度规划会议				
参加订货会 / 登记销售订单				
制订新年度计划				
支付应付税				
季初现金盘点（填写余额）				
更新短期贷款 / 还本付息 / 申请短期贷款（不含紧急贷款）				
更新应付款 / 归还应付款				
原材料入库 / 更新原料订单				
下原料订单				
更新生产 / 完工入库				
投资新生产线 / 变卖生产线 / 生产线转产				
向其他企业购买原材料 / 出售原材料				
开始下一批生产				
更新应收款 / 应收款收现				
出售厂房				
向其他企业购买成品 / 出售成品				
按订单交货				
产品研发投资				
支付行政管理费				
其他现金收支情况登记				
支付利息 / 更新长期贷款 / 申请长期贷款				
支付设备维护费				
支付租金 / 购买厂房				
计提折旧				
新市场开拓 /ISO 资格认证投资				
结账				
现金收入合计				
现金支出合计				
期末现金对账（填写余额）				

表 36 现金预算表

项 目	1	2	3	4
期初库存现金				
支付上年应交税				
市场广告投入				
贴现费用				
利息（短期贷款）				
支付到期短期贷款				
原料采购支付现金				
转产费用				
生产线投资				
工人工资				
产品研发投资				
收到现金前的所有支出				
应收款到期				
支付管理费用				
利息（长期贷款）				
支付到期长期贷款				
设备维护费用				
租金				
购买新建筑				
市场开拓投资				
ISO 认证投资				
其他				
库存现金余额				

要点记录

第一季度：______________________________

第二季度：______________________________

第三季度：______________________________

第四季度：______________________________

年底小结：______________________________

表 37 订单登记表

订单号											合 计
市场											
产品											
数量											
账期											
销售额											
成本											
毛利											
未售											

表 38 产品核算统计表

项 目	P1	P2	P3	P4	合 计
数量					
销售额					
成本					
毛利					

表 39 综合管理费用明细表

单位：百万

项 目	金 额	备 注
管理费		
广告费		
保养费		
租金		
转产费		
市场准入开拓		□区域 □国内 □亚洲 □国际
ISO 资格认证		□ ISO 9000 □ ISO 14000
产品研发		P2（ ） P3（ ） P4（ ）
其他		
合计		

表40 利 润 表

项 目	上 年 数	本 年 数
销售收入		
直接成本		
毛利		
综合费用		
折旧前利润		
折旧		
支付利息前利润		
财务收入 / 支出		
其他收入 / 支出		
税前利润		
所得税		
净利润		

表41 资产负债表

资 产	期初数	期末数	负债和所有者权益	期初数	期末数
流动资产：			负债：		
现金			长期负债		
应收款			短期负债		
在制品			应付账款		
成品			应交税金		
原料			一年内到期的长期负债		
流动资产合计			负债合计		
固定资产：			所有者权益：		
土地和建筑			股东资本		
机器与设备			利润留存		
在建工程			年度净利		
固定资产合计			所有者权益合计		
资产总计			负债和所有者权益总计		

表42 第 六 年

企业经营流程 请按顺序执行下列各项操作	每执行完一项操作，CEO 请在相应的方格内打钩 财务总监（助理）在方格中填写现金收支情况			
新年度规划会议				
参加订货会 / 登记销售订单				
制订新年度计划				
支付应付税				
季初现金盘点（填写余额）				
更新短期贷款 / 还本付息 / 申请短期贷款（不含紧急贷款）				
更新应付款 / 归还应付款				
原材料入库 / 更新原料订单				
下原料订单				
更新生产 / 完工入库				
投资新生产线 / 变卖生产线 / 生产线转产				
向其他企业购买原材料 / 出售原材料				
开始下一批生产				
更新应收款 / 应收款收现				
出售厂房				
向其他企业购买成品 / 出售成品				
按订单交货				
产品研发投资				
支付行政管理费				
其他现金收支情况登记				
支付利息 / 更新长期贷款 / 申请长期贷款				
支付设备维护费				
支付租金 / 购买厂房				
计提折旧				
新市场开拓 /ISO 资格认证投资				
结账				
现金收入合计				
现金支出合计				
期末现金对账（填写余额）				

表 43 现金预算表

项 目	1	2	3	4
期初库存现金				
支付上年应交税				
市场广告投入				
贴现费用				
利息（短期贷款）				
支付到期短期贷款				
原料采购支付现金				
转产费用				
生产线投资				
工人工资				
产品研发投资				
收到现金前的所有支出				
应收款到期				
支付管理费用				
利息（长期贷款）				
支付到期长期贷款				
设备维护费用				
租金				
购买新建筑				
市场开拓投资				
ISO 认证投资				
其他				
库存现金余额				

要点记录

第一季度：________________

第二季度：________________

第三季度：________________

第四季度：________________

年底小结：________________

表 44 订单登记表

订单号											合 计
市场											
产品											
数量											
账期											
销售额											
成本											
毛利											
未售											

表 45 产品核算统计表

项 目	P1	P2	P3	P4	合 计
数量					
销售额					
成本					
毛利					

表 46 综合管理费用明细表

单位：百万

项 目	金 额	备 注
管理费		
广告费		
保养费		
租金		
转产费		
市场准入开拓		□区域 □国内 □亚洲 □国际
ISO 资格认证		□ ISO 9000 □ ISO 14000
产品研发		P2（ ） P3（ ） P4（ ）
其他		
合计		

表 47　利　润　表

项　目	上　年　数	本　年　数
销售收入		
直接成本		
毛利		
综合费用		
折旧前利润		
折旧		
支付利息前利润		
财务收入 / 支出		
其他收入 / 支出		
税前利润		
所得税		
净利润		

表 48　资产负债表

资　产	期初数	期末数	负债和所有者权益	期初数	期末数
流动资产：			负债：		
现金			长期负债		
应收款			短期负债		
在制品			应付账款		
成品			应交税金		
原料			一年内到期的长期负债		
流动资产合计			负债合计		
固定资产：			所有者权益：		
土地和建筑			股东资本		
机器与设备			利润留存		
在建工程			年度净利		
固定资产合计			所有者权益合计		
资产总计			负债和所有者权益总计		

附录 2 手工沙盘规则简版

1. 产品研发

表 1 产品研发表

名 称	开发费用	开发总额	开发周期	加工费	直接成本	产品组成
P1	无	无	无	1M	2M/ 个	R1
P2	1M/ 季	4M	4 季	1M	3M/ 个	R1 + R2
P3	1M/ 季	6M	6 季	1M	4M/ 个	R2 + 2R3
P4	2M/ 季	12M	6 季	1M	5M/ 个	R2 + R3 + 2R4

2. 市场开拓和 ISO 认证

（1）市场开拓

表 2 市场开拓表

市 场	每年开发费	年 限	全部开发费用
区域	1M/ 年	1 年	1M
国内	1M/ 年	2 年	2M
亚洲	1M/ 年	3 年	3M
国际	1M/ 年	4 年	4M

（2）ISO 资格认证

表 3 ISO 资格认证表

ISO 类型	每年研发费用	年限	全部研发费用
ISO 9000	1M/ 年	2 年	2M
ISO 14000	1M/ 年	3 年	3M

3. 生产线

表 4　生产线

生产线	购置费	安装周期	生产周期	总转产费	转产周期	维修费	残　值
手工线	5M	无	3Q	0M	无	1M/ 年	1M
半自动	8M	2Q	2Q	1M	1Q	1M/ 年	2M
全自动线	16M	4Q	1Q	4M	2Q	1M/ 年	4M
柔性线	24M	4Q	1Q	0M	无	1M/ 年	6M

4. 生产线折旧

表 5　生产线折旧表

生产线	购置费	残　值	建成第 1 年	建成第 2 年	建成第 3 年	建成第 4 年	建成第 5 年
超级手工线	5M	1M	0	1M	1M	1M	1M
半自动	8M	2M	0	2M	2M	1M	1M
全自动线	16M	4M	0	5M	3M	2M	2M
柔性线	24M	6M	0	8M	5M	3M	2M

5. 厂房

表 6　厂房

厂房类型	买　价	租　金	售　价	容　量	说　明
大厂房	40M	5M/ 年	40M	6 条	只有 1 个大厂房和 1 个小厂房
小厂房	30M	3M/ 年	30M	4 条	

6. 重要参数

表 7　重要参数

项　目	参　数	项　目	参　数
违约扣款百分比	20%	最大长贷年限	5 年
长期贷款利率	10%	短期贷款利率	5%
贴现率	1/7	初始现金	60M
管理费	1M/ 季	市场老大	有
所得税率	25%	最大经营年限	6 年
贴现	向上取整	计算所得税	向下取整
违约金	违约订单总额 × 违约扣款百分比，向下取整		

附录 3　教学案例与游戏

1. 教学案例

案例 1　黄恺的“三国杀”

应用范围： 课程开始　第一轮经营开始　点评阶段

风靡全国的桌游《三国杀》，其创始人黄恺是一位标准的大学生创业者。黄恺于 2004 年考上了中国传媒大学。他在大学时期“不务正业”，模仿国外桌游，设计出了具有中国特色、符合国人娱乐风格的桌游《三国杀》。2006 年 10 月，在读大学二年级的黄恺开始在淘宝网上贩卖《三国杀》，没想到大受欢迎。毕业后的黄恺并没有找工作的打算，而是借了 5 万元，注册了一家公司，开始做起了《三国杀》的生意。2009 年 6 月底，《三国杀》成为我国网游平台的一款桌上游戏。至 2010 年，《三国杀》正版桌游售出 200 多万套。

案例 2　王兴的饭否网、美团网

应用范围： 课程开始　新一轮经营开始　点评阶段

一提到王兴，很多人脑海里第一个想到的词语就是“连环创业者”，因为王兴是校内网（人人网）、饭否网、美团网这三个网站的联合创始人。除此之外，他还有另外一个身份——大学生创业者。

王兴是人们口中的“天才少年”，他没有参加高考就被保送到清华大学，毕业后拿到了美国特拉华大学的全额奖学金，师从第一位获得 MIT 计算机科学博士学位的大陆学者高光荣，随后归国创业。在前一两次不算成功的创业项目之后，王兴创立了中国版的 Facebook——校内网，并很快风靡于各大校园中。校内网于 2006 年 10 月被千橡以 200 万美元收购。2007 年 5 月 12 日，王兴创办了饭否，这也是中国第一个类似 Twitter 的项目。但是，就在饭否发展势头一片良好之际却被迫关闭，这使王兴备受打击。之后“连环创业者”王兴于 2010 年 3 月上线新项目——美团网，并在“千团大战”之中脱颖而出，稳居行业前三位，并先后获得红杉和阿里的两轮数千万美元的融资。目前，王兴这个“连环创业者”的事业已逐渐走上正轨。

图 1　校内网、美团网和饭否网的 Logo

案例 3　胡萝卜、鸡蛋、咖啡豆

应用范围：点评阶段

一个女儿对父亲抱怨自己的生活，抱怨事事都那么艰难。她不知道该如何应付生活，想要自暴自弃。她已厌倦抗争和奋斗，一个问题刚解决，另一个问题就又出现了。

她的父亲是位厨师，父亲把她带进厨房。父亲先往三口锅里倒入一些水，然后把锅放在火上烧。不久，锅里的水烧开了。他往第一口锅里放些胡萝卜，往第二口锅里放只鸡蛋，最后往第三口锅里放入碾成粉末状的咖啡豆。他将它们浸入开水中煮，一句话也没有说。

女儿咂咂嘴，不耐烦地等待着，纳闷父亲在做什么。大约 20 分钟后，父亲把火关了，把胡萝卜捞出来放入一只碗内，把鸡蛋捞出来放入另一只碗内，然后又把咖啡舀到一个杯子里。做完这些后，他才转过身问女儿："亲爱的，你看见什么了？""胡萝卜、鸡蛋和咖啡。"女儿答。

父亲让女儿走近些并让她用手摸摸胡萝卜。她摸了摸，注意到胡萝卜变软了。父亲又让女儿拿起鸡蛋并打破它，剥掉壳后，是只煮熟的鸡蛋。最后，父亲让女儿喝了咖啡。品尝到香浓的咖啡，女儿问道："父亲，这意味着什么？"

父亲解释说，这三样东西面临同样的逆境——煮沸的开水，但其结果各不相同。胡萝卜入锅之前是强壮的、结实的、毫不示弱的，但进入开水之后，它变软了、变弱了。鸡蛋原来是易碎的，它薄薄的外壳保护着它液体状的"内脏"，但是经开水一煮，它的内脏变硬了。粉状咖啡豆很独特，进入沸水之后，它们倒改变了水。"那么，哪个是你呢？"父亲问女儿，"当逆境找上门来时，你该如何应对？你是胡萝卜、鸡蛋，还是咖啡豆？"

2. 教学游戏

游戏 1　我是谁？我喜欢谁？

玩法：将学生分两组，每组学生依次发言。每个学生进行自我介绍："我是 ×××（自己的名字），我喜欢 ×××（一个人的名字及喜欢这个人的原因）。"给大家 3 分钟的考虑时间。选一种方式开始，如头发最长、身材最好、个子最高等。

讨论：（1）谁给你的印象最深？

（2）怎么让别人记住你？

应用：可以按个人爱好适当分组。

游戏 2 星座联盟

玩法： 准备一张表格，如表 1 所示，在每个格中填上相应星座的学生名字。

表 1 星座表

讨论：（1）同星座的人是否有相同之处？

（2）与同星座的人相处感觉如何？

应用： 可以按星座适当分组。

游戏 3 数字记忆

玩法： 让学生每人准备一张纸，让学生看事先准备好的一张表格，如表 2 所示，然后收起来。说出一些数字组合，让学生画出数字外框的结构，但不包括数字。

表 2　数字组合表

1	4	7
2	5	8
3	6	9

讨论：（1）你是否可以准确地画出来？

（2）这个游戏对你有什么启发？

应用： 创新沙盘游戏思维。

游戏 4　杯子有多大

游戏准备： 一次性杯子、沙子、小石头、大石头、水等。

玩法： 先在一次性杯中填满大石头，再依次放入小石头、沙子、水。

讨论： 这个游戏对你有什么启发？

应用： 成本管理和时间管理。

游戏 5　比比抓手

游戏准备： 准备带有不同编号的乒乓球若干只。

玩法： 请学生说出预计自己一只手能抓起多少只乒乓球。让学生抓乒乓球（只能用一只手，不能用另一只手帮忙），统计抓多少个，数值是多少（不同数字代表分值），计算预计抓数与实际抓数的差值的绝对值，并填写评分表（表 3）。

讨论：（1）如何掌握机会，如何评估自己的能力？

（2）此游戏对你有哪些经营管理上的启示？

应用： 使学生正确认识自己的实力，以及市场机会和市场选择等。

表 3 评分表

小 组	估计数（A）	实际数（B）	绝对值（A−B）	分 值
1				
2				
3				
4				
5				
6				
7				
8				

游戏 6 摆数字

玩法： 请学生将 4、6、8 三个数字按规律放在表 4 中的适当位置（左或右）。

表 4 摆数字

1	7	2	3	5

注意事项： 鼓励学生随意畅想，但又要提示学生寻找事物的规律。

应用： 让学生明白创新性答案不一定很复杂，鼓励他们大胆地进行创新性构想。

游戏 7 外星人

玩法： 每组成员共同摆出一个外星人造型（如外星人有 N 只脚、M 只手），这个外星人必须连接成一个整体，并能够行走数步。看哪一组走步速度最快、造型最奇特。

讨论：（1）小组成员用什么方法达成共识？

（2）你认为什么样的造型最有创新性？

应用： 培养学生的团队精神。

游戏 8 敢于说："我错了"

玩法： 找到在某些游戏环节失误的学生，让其面向本组成员鞠一躬，高声说："对不起，我错了！"自认在游戏中没有错误的学生走到前面，教师喊"1"时，举左手；喊"2"时，举右手；喊"3"时，抬左脚；喊"4"时，抬右脚；喊"5"时，不动。出错的人要向大家鞠一躬，举起右手高声说："对不起，我错了！"

应用： 使学生认识到自己的错误，勇于认错，培养良好的团队协作精神。

游戏9 听话勾画

玩法： 找一名学生，将事先准备的第一张图给学生看，并要求只能用语言来描述这幅画给全体学生听。所有的学生只允许听，不允许提任何问题，然后画出来。教师统计自认为画得对的人数和实际画得对的人数。再找一名学生，将事先准备好的第二张图给该学生看，请其仍然用语言描述给所有学生听，学生可以发问。教师再次统计自认为画得对的人数和实际画得对的人数。

讨论：（1）两次结果的差别是否明显？

（2）这个游戏给我们的启示有哪些？建议使用以下两幅图。

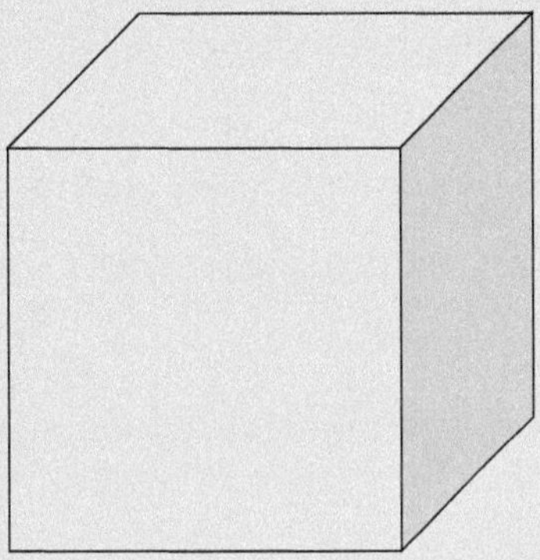

应用： 使学生了解单向沟通与双向沟通的不同。

游戏10 钱哪儿去了

玩法： 教师把如下故事讲给学生听。

从前，有三个穷书生进京赶考，途中投宿在一家客栈中。这家客栈的房价是每间房450文钱，三人决定合住一间房间，于是每人向店老板支付了150文钱。后来，老板见三人可怜，优惠了50文钱，让店里的伙计拿着还给三人。伙计心想：50文钱三个人如何分？于是自己拿走20文钱，将剩余的30文钱还给了三个书生。

讨论： 每个书生实际上支付了140文钱，合计420文钱。加上店小二私吞的20文钱，等于440文。那么，还有10文钱哪儿去了？

应用： 培养学生思考问题的逻辑性。

游戏11 故事接龙

玩法： 每组学生随机排序，由第一个学生讲一个故事的开头，讲到一半的时候由下一个同学接着讲，依次讲下去，给每位学生设定时间。

讨论： 每个人说一下自己原来设想的结局，分析差别，讨论和沙盘的关系。

应用： 培养学生的应变能力和团队合作精神。

游戏 12　一杯水的重量

玩法： 老师端起一杯水，让学生猜这杯水的重量，然后再让学生亲自端起这杯水并计时，看哪位学生端的时间最长。

注意： 可以让某几个学生端水杯，其他学生举别的重物，重点是让学生真正体会压力管理的内涵。

讨论：（1）很小的压力如何解决？

（2）压力变大时又如何解决？

（3）这个游戏对沙盘经营有什么启示？

应用： 使学生学会管理压力，通过合作减轻压力。